KB198890

——————————— 님의 소중한 미래를 위해

이 책을 드립니다.

사는 게 무기력하게 느껴진다면
철학

힘든 순간마다 철학이 건네주는 위로

사는 게 무기력하게 느껴진다면 철학

양현길 지음

초록북스

초록북스

우리는 책이 독자를 위한 것임을 잊지 않는다.
우리는 독자의 꿈을 사랑하고,
그 꿈이 실현될 수 있는 도구를 세상에 내놓는다.

사는 게 무기력하게 느껴진다면 철학

초판 1쇄 발행 2024년 11월 11일 | 지은이 양현길
펴낸곳 (주)원앤원콘텐츠그룹 | 펴낸이 강현규·정영훈
등록번호 제301-2006-001호 | 등록일자 2013년 5월 24일
주소 04607 서울시 중구 다산로 139 랜더스빌딩 5층 | 전화 (02)2234-7117
팩스 (02)2234-1086 | 홈페이지 matebooks.co.kr | 이메일 khg0109@hanmail.net
값 18,000원 | ISBN 979-11-6002-910-9 03100

인생은 더 깊고 어두워지고 더 복잡해지는
순간에만 의미를 갖는다.

• 알베르 카뮈(프랑스의 철학자, 소설가) •

**삶이 무의미하게 느껴진다면
철학을 만날 때다!**

매일 반복되는 인생을 살아간다. 아침에 눈을 뜨고, 밥을 먹고, 일을 하고, 잠이 들고, 다시 눈을 뜬다. 그렇게 일주일이 지나고 한 달이 어느덧 10년이 흘러버린다. 거울 속의 내 모습은 어제보다 조금 더 나이 든 내가 보일 뿐이다. 이 나이가 될 때까지 분명 열심히 살아왔고 사회가 요구하는 조건들에 충실하며 살아왔는데도 불구하고 삶에 대한 의욕은 점점 사라져간다. 그리고 의욕이 사라진 빈자리에 나이가 들어가는 것에 대한 슬픔과 공허함이 차오른다. 이러다 갑자기 죽음이라도 맞이한다면 결국 내 인생은 후회만 남을 것 같다는 생각이

든다. 평생을 열심히 살아오지 않았더라면 차라리 덜 억울할 텐데, 나는 지금까지 수많은 출근길을 견뎠고 주어진 일들을 묵묵하게 해냈다. 하지만 나에게 돌아온 것은 무기력함과 아무것도 하고 싶지 않은 마음뿐이다. 마치 내 인생에 구멍이 난 듯 무언가를 잃어버린 것 같은데 그게 무엇인지조차 알 수 없어 막막할 뿐이다. 이 모든 것은 인간이 삶의 의미와 목적을 잃어버렸을 때 나타나는 '실존적 공허'라고 부르는 일상의 모습들이다. 삶이 공허하고 무의미하게 느껴지며 무기력함이 깊어지는 것이다.

어떤 사람은 원했던 일이 좌절되고, 하고 싶지 않은 일들로 일상이 채워지면서 문제를 겪는다. 또 다른 사람은 욕망을 쫓느라 내면이 진정으로 원하는 것을 놓친 채 살아가다가 공허함을 느낀다. 또 누군가는 타인의 시선과 가치를 의식하며 살다가 나의 인생을 온전히 살지 못한 것을 깨닫고는 혼란을 겪는다.

특히 앞만 보고 살아가다가 열정을 상실했을 때 삶의 방향을 잃어버리게 된다. 그때 비로소 내가 원하는 것이 무엇인지도 모르고 살아왔다는 것을 깨닫는다면 깊은 무기력함과 공허함이 찾아온다. 그 순간에는 삶을 살아갈 이유조차 찾지 못하는 막막함에 빠지는데, 이것이 바로 실존적 공허의 상태다.

내가 얼마나 열심히 살았든, 얼마나 많은 돈을 벌었든, 결혼을 했든 이런 외적인 조건들과는 상관없이 삶이 무의미하다는 생각은 누구에게나 찾아올 수 있다. 이런 무의미함 속에서 가장 크게 느껴지는 감정은 외로움과 고립감이다.

주변에 사랑하는 가족과 친구들이 있음에도 불구하고 내 삶에서 소외감을 느낄 때 고립되었다는 생각이 든다. 왜냐하면 아무리 가까운 사람이라도 나의 생각과 감정을 온전히 이해할 수 없기 때문이다. 삶의 의미란 나만이 느끼고 정의할 수 있는 것이다. 그래서 결국 나는 혼자가 된 듯한 고독감에 빠지게 된다.

우리는 수많은 즐길 거리로 가득한 세상에 살고 있다. 그렇기 때문에 현대사회에서 이런 공허함은 낯설게 느껴질 수 있다. 스마트폰만 있으면 짧은 동영상부터 다양한 콘텐츠를 손쉽게 접할 수 있는 시대다. 게임도 기술의 발전으로 인해 10년 전과는 비교할 수 없을 만큼의 몰입감을 제공하고 컴퓨터를 굳이 켜지 않아도 스마트폰만 있으면 언제 어디서든 게임을 즐길 수 있다. 또한 여행은 더 이상 국내에만 국한되지 않고, 넘쳐나는 정보 덕분에 해외로도 쉽게 떠날 수 있다. 좋아하는 스포츠가 있다면 관련 영상을 찾아보거나 마음만 먹으면 직접 현장에서 즐길 수도 있는 세상이다. 그럼에도 불구하고 이 많은 즐길 거리가 삶의 공허함을 완전히 채우지는 못한다.

우리는 소셜 미디어를 통해 다른 사람들의 일상을 엿볼 수 있다. 수백억 대 자산가의 집은 어떤 모습인지, 연예인들은 어떤 삶을 사는지 실시간으로 접하면서, 자연스럽게 나와 타인을 비교하는 순간이 많아졌다. 또한 취향이 비슷한 사람들을 연결해주는 다양한 플랫폼 서비스 덕분에 새로운 만남이 쉽게 이루어진다. 하지만 그와 동시에 다양성을 강조하는 현대사회에서는 정작 '나'를 찾기가 점점 어렵다는 부작용이 나타나고 있다. 익명으로 활동하는 것은 사람들과의 관계를 간편하게 만들어주지만 직접 사람을 만나는 것은 점점 두려워지기도 한다.

오늘날 우리는 즐길 거리가 넘쳐나는 시대에 살고 있음에도 불구하고 삶이 재미없다고 느끼며 우울감에 빠지는 사람들은 늘고 있다. 즐길 거리와 할 일이 넘쳐나는 세상에서 왜 이렇게 무기력함과 공허함을 느끼는 것일까?

인터넷과 스마트폰의 발달 덕분에 원하는 것을 찾고 즐기기까지 단 몇 초면 가능해졌다. 우리가 경험하는 오늘날의 즐거움은 대부분 즉각적인 보상을 제공한다. 하지만 이런 즉각적인 보상이 주는 만족은 순간적일 뿐 그 후에는 공허함과 허전함을 남기고, 더 나아가 인생을 힘들게 만들기도 한다. 이런 빠른 접근성은 큰 문제를 야기한다.

몇 초 만에 얻을 수 있는 쉬운 보상들은 중독성이 강해서 쉽게 멈추기 어렵다. 설령 잠시 멈춘다 해도 허전함이 남아 다시 스마트폰을 집어 들게 된다. 하루가 초 단위로 끊임없는 자극과 즐거움으로 채워지면서 문제가 시작된다. 계속해서 자극에 노출되면 처음에 느꼈던 즐거움은 점차 약해지고, 더 강한 자극을 찾게 된다. 이 과정에서 어떤 일에도 감흥을 느끼지 못하는 상태에 이르게 되는데, 이를 '신경 적응'이라고 한다.

예를 들어 처음에는 고급 외제차 영상을 보고 재미를 느꼈다면, 비슷한 영상을 계속 찾으면서 더 많은 재미를 추구하게 된다. 하지만 비슷한 자극에 반복적으로 노출되다 보면 점차 지루함이 찾아오고, 결국은 더 이상 즐거움을 느끼지 못하게 된다. 이때는 더 강렬하고 자극적인 콘텐츠를 찾기 시작한다. 하지만 결국 다음 콘텐츠에서도 더 이상 효과를 발휘하지 못하는 지점에 도달하게 된다.

이처럼 반복적인 자극은 무감각함과 비참함으로 이어지고, 불안감과 불쾌감까지 느끼게 만들기도 한다. 따라서 중독성 있는 즐길 거리들은 단순히 '재미'라고만 치부할 수 없는 문제를 내포하고 있다.

현대사회는 결코 '재미의 시대'가 아니다. 재미있는 것으로 포장했지만 사실은 우리가 살고 있는 이 세상은 '무의미와 무기력의 시대'다. 따라서 세상이 우리에게 끊임없이 제공하는 즐길 거리들에 대해 경각심을 가질 필요가 있다. 왜냐하면 인간은 본능적으로 고통을 피하려는 경향이 있기 때문이다. 현대사회가 제공하는 다양한 즐길 거리들은 고통에서 일시적으로 도망칠 수 있도록 도와주지만, 고통의 근본적인 원인을 해결하지 못한 채 새로운 고통을 불러일으킬 수 있다.

쇼펜하우어가 말했듯이 인생은 끝없는 고통의 여정이다. 문제는 우리가 쾌락에 반복적으로 노출되고, 어떤 것에 중독되면 고통을 견디는 능력은 점점 더 약해진다는 점이다. 즐거움에 대한 기준은 점점 높아지고, 일상 속 작은 문제도 더 크게 느껴지면서 고통스럽게 다가온다.

즐길 거리들이 언제든지 쉽게 고통으로 변할 수 있다는 사실을 깨닫게 되면, 삶에서 얻는 즐거움은 점차 줄어들고, 더 큰 고통을 느끼게 된다. 예전에는 쉽게 견딜 수 있었던 일들이 더 이상 참기 힘들어지고, 책 한 권을 읽는 것조차 지루함을 이겨내기 어려워진다. 결국 현대사회의 즐거움은 일시적 회피일 뿐 장기적으로는 무의미함과 무기력함을 더 크게 만든다.

실제로 1990년에서 2017년 사이, 전 세계적으로 우울증 건수가 50퍼센트 증가했다는 통계가 있다. 무의미함과 무기력함을 동반한 우울감이 찾아올 때, 당장 뭔가 해야 한다는 압박을 느낀다. 하지만 실제로는 아침에 눈을 뜨면 아무것도 하고 싶지 않다. 그리고 어쩔 수 없이 뭔가를 해야 하는 상황들이 반복될수록 부정적인 생각에 더 깊이 빠지고, 아무것도 하기 싫다는 생각만 커져간다.

그러나 역설적으로 공허함과 무기력함은 인생의 방향을 설정하고, 자기 성찰을 할 수 있게 하는 기회가 되기도 한다. 왜냐하면 이런 감정들은 내면에서부터 나오는 목소리이기 때문이다. 외부의 자극이

나 욕망, 또는 타인에게 맞춰 살아오면서 무시했던 내면의 자아가 나에게 보내는 신호인 것이다. 이것이 바로 공허함과 무기력함의 본질이다. 더 큰 우울감이 찾아오거나 삶의 가치와 의미를 완전히 상실하기 전에 내면의 자아가 목소리를 높이는 순간이다. 그때 우리는 인생의 중요한 질문들을 스스로에게 던지고, 그에 대한 답을 찾아가기 시작해야 한다.

내면의 자아는 나에게 이렇게 묻고 있다. '나는 누구인가?' '무엇을 좋아하고 잘하는가?' '어떤 인생을 살고 싶고, 어떻게 살아가고 싶은가?' '내 삶은 의미가 있는가 없는가?'라는 깊은 질문을 던지며, 내가 진정으로 어떤 삶을 살아가길 원하는지 생각해보라는 메시지를 전하고 있는 것이다. 이러한 질문들이 스스로에게 고통스럽고 무겁게 느껴질 수 있지만, 그 속에서 진정한 삶의 방향을 찾는 단초가 될 수 있다.

다행히도 우리에게는 인생의 의미에 대해 고민해온 역사 속 위대한 선배들이 있다. '왜 살아야 하는가?' '삶은 정말 가치 있는 것일까?' '삶에는 진정한 의미가 있는가?' '행복이란 무엇인가?'와 같은 질문을 두고 평생 동안 답을 연구한 철학자들이다. 그들은 우리에게 인생의 길잡이가 되어줄 것이다.

알베르 카뮈, 윌리엄 제임스, 아르투어 쇼펜하우어, 임마누엘 칸트, 루트비히 비트겐슈타인, 아리스토텔레스 등의 철학자들은 각자의 시대에서 삶의 무의미를 자신만의 관점으로 해석했다. 그들의 사상은 지금도 살아 숨쉬며, 우리가 무의미함 속에서 길을 잃지 않고 앞으로 나아가는 데 중요한 통찰을 제공한다.

삶이 무의미하게 느껴지는 이 순간에 그들의 생각에 귀를 기울여보자. 철학자들이 던진 질문들과 그들의 답변을 통해 무기력해지기 쉬운 시대를 조금 더 의미 있게 살아낼 수 있기를 바란다.

차
례

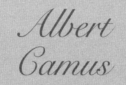

*Albert
Camus*

카뮈의
처방전

- 부조리 속 반항하는 인간이 되어라

1부

알베르 카뮈는 『시지프스의 신화』에서 말했다.

"아침에 일어나 전차를 타고 출근하고, 사무실이나 공장에서 네 시간을 보낸다. 식사 후 다시 전차를 타고, 또 네 시간의일을 하고 나면 저녁 식사와 수면이 기다린다. 월, 화, 수, 목,금 그리고 토요일까지, 똑같은 패턴이 반복된다. 하루하루는대체로 문제없이 이어지지만, 어느 순간 갑작스럽게 '왜?'라는질문이 떠오르고, 놀라움과 함께 깊은 권태가 시작되면서 모든것이 변화하기 시작한다."

인생 중반기를 지나 인생 후반기를 살아가는 사람에게 삶은여전히 치열하다. 특히 한국 사회는 비교와 경쟁으로부터 자유롭기 어렵다. 가족의 행복과 개인의 꿈보다는 남들보다 한 걸음이라도 더 앞서나가기 위해 온 힘을 다한다. 성적으로 순위가 정해지고, 학력에 따라 차별을 받으며, 취업시장에서 개인의 가치를 냉정하게 평가받는다. 그리고 사회에서 제시하는 좋은 대학, 좋은 직장, 좋은 배우자의 기준이 모두의 목표로 주어진다.

만약 그중에서 하나라도 부족하면 목표는 좌절로 바뀌고 마치 인생의 패배자처럼 느껴진다. 그렇게 목표를 향해 앞만 보고 달려가다가 어느 순간, '지금 나는 무엇을 위해 열심히 살고 있는 것일까?'라는 의문이 문득 생기면서 현재의 삶이 허무하고 무의미해진다.

카뮈는 프랑스의 철학자로 '삶의 본질적인 무의미함'에 대해 깊게 고민했다. 그는 전쟁과 가난 속에서 비참한 삶을 살았다. 아버지는 제1차 세계대전에서 전사했고, 어머니는 청각장애를 가졌으며 글을 읽지 못했다.

그는 대학교에 재학 중에도 신문사 인턴, 자동차 수리공, 가정교사 등 온갖 일을 하면서 생계를 이어나갔다. 그렇게 가난과 전쟁 속에서 삶의 부조리와 무의미함을 느끼고 그에 대해 고민했던 카뮈는 1957년, 44세에 소설 『이방인』으로 노벨문학상을 수상했다. 가난과 전쟁 속에서 느꼈던 부조리함과 무의미함에 대한 카뮈의 철학은, 삶이 허무할 때 극복할 수 있는 귀중한 관점을 우리에게 전해준다.

무의미에 빠지기 쉬운
현대의 환경

현대의 삶은 무의미함에 빠지기 쉬운 환경이다. 과거에 비하면 과학의 발전으로 많은 것을 이해할 수 있게 되었지만 '왜 살아야 하는가?' '삶은 어떤 가치가 있는가?'에 대한 답을 찾는 것은 여전히 어렵다. 우리는 세상에 보편타당한 진리가 없다는 것을 알게 되었기 때문이다.

중세시대의 유럽을 살펴보면, 모든 것은 신의 섭리로 이해할 수 있었고, 세상은 인간에게 매우 친절했다. 인간이란 언제나 신과 연결되어서 삶을 함께 살아갔다. 신이 굳건한 세계에서는 인간에게 일어난 모든 일에 대해서 의미를 부여할 수 있었다. 인생의 성공도 실패도 다 신의 뜻에 달려 있었다. 예를 들어 중세시대의 부유한 귀족들은 때때로 신에게 감사를 표하기 위해 성지 순례를 떠났다. 예루살렘, 로마, 산티아고 데 콤포스텔라 등을 순례하는 것은 신에 대한 헌신과 감사의 표시

였다. 자기가 부자가 된 것은 모두 신의 은총 덕분이라고 굳게 믿었기 때문이다.

반대로 대재앙이 벌어졌을 때도 신이 어떤 메시지를 전달하기 위한 상황이라고 여겼다. 14세기 초반에 유럽은 심각한 기후 변화와 농업의 실패로 인해 많은 사람들이 굶어 죽었다. 이때 사람들은 굶주림과 기근이 신의 시험이라고 여겼으며, 교회에서는 대규모 기도회와 미사를 열어 신의 자비를 구했다. 프랑스와 영국을 비롯한 여러 지역에서 성직자들은 백성에게 더 많은 기도를 하도록 독려했고, 많은 사람들은 신의 축복을 간청하며 종교적인 신앙을 더욱 강화하도록 지도했다. 이러한 신앙의식은 사람들이 극심한 기근 속에서도 희망을 잃지 않고 버틸 수 있게 도와주었다.

심지어 인간의 죽음조차도 신의 섭리로 설명이 가능했다. 신의 섭리에 따라서 살다 보면 천국과 지옥이라는 죽음 이후의 세계가 어김없이 나를 기다리고 있다. 의심의 여지가 없는 명확하고 분명한 논리다. 게다가 사후 세계에 대한 확고한 믿음 덕분에 지금의 삶이 불행하다고 느껴도 극복할 수 있는 의지가 생겼다.

이렇게 과거에는 인생의 성공과 실패 그리고 죽음조차 모두

신의 뜻에 달려 있다고 믿었기 때문에 어떤 일이 벌어져도 신에게 도움을 구하거나 신에게 감사를 하면 되었다. 하지만 신의 존재에 대한 의미가 희미해진 현대사회에서는 성공도 실패도 모두 나 자신의 성취요, 내 책임이다. 삶이 공허해도 신의 뜻이 아니라 내가 극복하고 이겨내야 하는 것들이고, 가난은 내가 못나서 벌어지는 일이 되었다. 능력과 자질이 뛰어난 사람은 정상에 오를 자격이 있고, 밑바닥으로 떨어진 사람은 그들 스스로에게 어떠한 문제가 있어 그렇게 된 것이라고 여겼다.

과거와 달리 현대인들은 서로가 서로를 평가하고, 잘하는지 못하는지 지켜보며 견제하게 되었다. 자연의 대재앙으로 재산과 인명 피해가 발생해도 누군가가 책임을 져야만 한다. 신을 대신한 개인주의, 능력주의는 인간이 삶의 의미를 스스로 찾아야 하는 환경이 되었다.

게다가 현대사회에서의 죽음이란 삶의 무의미함을 부추기는 도구가 되었다. 우리가 삶을 열심히 살았다고 해도 죽으면 모든 것에 대한 의미가 사라진다고 생각하기 때문이다. 사후세계에 대해 다양한 이야기들만 있을 뿐 과학적으로 검증된 것은 없다. 카뮈는 세상이 인간에게, 삶은 어떤 가치가 있고 왜 살아가야 하는지에 대한 그 어떤 답도 주지 못한다는 것을 발견했다.

카뮈의 처방전 - 부조리 속 반항하는 인간이 되어라

부조리에도 불구하고
살아가야 하는 인간

카뮈는 『시지프스의 신화』에서 말했다.

"부조리는, 인간의 요구와 세계의 불합리한 침묵이 만났을 때 생겨난다. ··· 세계는 불안에 휩싸인 인간에게 아무 응답도 주지 않는다. ··· 인간은 계속해서 이 세계에서 어떤 의미를 찾으려 하지만 이 세상에 의미가 없다는 사실을 깨닫는 상태가 바로 부조리다."

의미가 없는 세계와 의미를 찾는 인간 사이에서 부조리가 생겨난다. 신이 없는 세계, 의미가 없는 세계에서 의미를 추구하는 것, 부조리에도 불구하고 살아가야 하는 것이 현대사회의 인간이 처해 있는 상황이다.

부조리에는 두 개의 상황이 놓인다. 한쪽에는 의미를 구하는 인간이 있고 다른 한쪽에는 의미를 찾을 수 없는 무의미한 세계가 있다. 이 두 가지 상황 사이에서 부조리가 나타난다.

예를 들어보자. 회사에 충실하면 당연히 인정받고 나에게 좋은 일만 생길 것 같았다. 하지만 회사는 내가 열심히 일하는 것에는 관심이 없고, 오로지 매출을 높이는 데만 관심이 있다. 회사의 목표에 방해가 된다면 나를 해고하거나 더 이상 연봉을 올려주지 않을 뿐이다. 그저 회사의 방침대로 흘러갈 뿐 나의 처우에 대해 이해시키지 않는다. 회사에서 일을 하는 의미를 찾고 가치를 부여하려고 노력했지만, 아무런 결과를 얻지 못하고 그저 내 일에 충실할 뿐이다.

카뮈는 『시지프스의 신화』에서 말했다.

"심리학 그리고 심지어 논리학에서도, 여러 가지 진리는 있으나 유일한 진리는 없다."

인간은 모든 것이 명확하고 논리적으로 설명할 수 있을 때 안정감을 느끼지만, 아무리 노력해도 도저히 이해되지 않을 때 불안감을 느낀다. 그래서 인간에게는 세상의 의미를 이해하기 위한 진리가 필요했다. 특히 인간은 '인생을 왜 살아야 하는가?'에 대한 명확한 답을 원하지만 그것을 찾지 못하는 세상이 매우 불편하다. 그래서 인간은 이 세상을 조금이라도 더 이해하기 위해 공통된 답을 스스로 만들었다. 그중에 하나가 과학이고, 여러 가지 학문이다.

그렇게 인간은 불안감을 떨치기 위해서 스스로가 진리를 만들어냈다. 인간이 만든 진리는 삶의 목적이 무엇인지를 제시해준다. 마치 유럽의 중세시대에 종교가 그 역할을 해준 것처럼 인간이 만든 진리는 내 삶의 목적을 말해준다.

현대사회는 자기계발이나 부자가 될 수 있는 방법들이 삶을 이끌어가고 있다. 회사에서 받는 급여보다 더 많은 돈을 벌어서 경제적 자유를 누리는 것이 새로운 진리 중 하나가 되었다. 또 누군가는 부동산 부자가 진리라고 말하고 목적을 향해 달려간다. 반대로 돈만 좇다가 행복을 찾을 수 없다고 생각하는 사람은 복잡한 도시를 떠나서 한적한 시골에서 평안한 삶을 누리고자 한다.

이렇게 인생의 정답은 다양하게 생겨났고, 그 안에 놓인 우리는 여기저기 쫓아다니다가 그 끝에는 무의미와 허무함이 남게 된다는 것을 깨닫는다. 결국 인생에 대한 100퍼센트 완벽한 답은 없다. 인생의 정답인 것처럼 포장해서 제시하는 사람들만 있을 뿐이다.

카뮈는 "역사 속에는 온갖 종교와 예언자가 가득하고, 심지어는 신이 없는 종교나 예언자도 있다"라고 강조했다. 그러면서 "인간은 무의미함이 가득한 세상을 맞이할 때 낯섦이라는 감정을 느낀다"라고 말했다.

인간은 세상을 살아가다가 이해되지 않는 일을 만나면 낯섦을 느낀다. 잘 알고 있는 상대방을 만나면 낯이 익기 때문에 친근감을 느낀다. 그러나 전혀 모르는 사람을 만나면 나에게 어떻게 말하고 행동할지 알 수 없기 때문에 낯선 감정을 갖는다.

열심히 살아서 원했던 목표를 이룬다고 해도 또 다른 목표가 나를 기다리고 있고, 그게 끝없이 이어진다고 느끼는 순간들이 온다. 『시지프스의 신화』에서 시지프스가 돌을 정상에 올리면 돌이 다시 굴러 떨어지고 또다시 정상으로 돌을 올려야 하는 형벌같이, 나의 삶도 끝없는 도돌이표로 연결된다. 그렇게 반복되는 삶을 살다가 '나는 매일 늙어가고 있고 내가 소유한 것들은 언젠가 모두 사라진다는 것'을 깨닫는 순간이 찾아온다. 그리고 내 삶의 의미와 가치를 전혀 납득할 수 없을 때 이 세상은 갑자기 나에게 낯선 세상이 되어버린다.

카뮈는 『시지프스의 신화』에서 깨닫는 '그 순간'에 대해 이렇게 말했다.

"세상은 합리적이지 않다. 그러나 내가 합리적이라고 느끼는 것은 세상에서 무의미한 것들을 깨닫기 시작하는 순간이다."

카뮈의 소설 『이방인』은 부조리를 느끼는 주인공 뫼르소에 대한 이야기다. 『이방인』의 첫 대목은 뫼르소의 어머니가 돌아가시는 비통한 장면으로 시작한다. 뫼르소는 어머니가 언제 돌아가셨는지도 모르겠다는 무관심한 태도를 보인다. 아들로서 느껴야 할 슬픔이나 비통함이 전혀 느껴지지 않는다. 또한 뫼르소는 직장 상사가 파리에 갈 수 있는 기회를 제안했을 때도, 여자 친구인 마리가 그에게 결혼 의사에 대해 물어봤을 때도 아무런 관심을 보이지 않는다. 결론적으로 어떻게 되든 상관없다고 말한다.

뫼르소는 태양이 눈부시다는 이유로 아랍인을 살해해서 구치소에 수감된다. 그리고 그를 도와주려는 변호사와 재판관에게 귀찮다는 말만 한다. 뫼르소는 인생의 모든 것들이 무가치하다고 느꼈기 때문에 직장에서의 승진, 여자 친구와의 결혼, 가족의 죽음에서조차 아무런 의미를 찾지 못한 채 목적 없이 삶을 살아갈 뿐이었다.

사실 뫼르소는 이 세상과 나의 삶이 부조리한 상태에 있다는 걸 깨닫는 존재다. 어차피 세상은 모든 것이 무의미하고, 아무 가치가 없기 때문에 어떻게 행동해도 상관없다고 생각했다.

삶의 부조리 속
반항하는 인간이 되기

세상이 무의미하다는 카뮈의 말이 사실이라면 나는 어떻게 살아야 할까? 삶에서 어떤 가치도 느끼지 못하고, 왜 살아야 하는지도 모르는 상태에서 무엇을 해야 할까? 카뮈는 "반항하는 인간이 되어야 한다"라고 말했다.

인생이 의미가 있는지 없는지는 중요하지 않으며, 삶이 무의미하고 부조리하더라도 살아가야 한다. 그리고 삶에 의미가 없고, 가치가 없다는 사실을 인정해야 한다. 다만 허무하다고 여길 수 있다는 사실에 타협하지는 않는다.

삶이 의미가 없더라도 삶을 살아가겠다고 다짐하는 것이 바로 '반항하는 인간'이 되는 방법이다. 반항적인 인간은 매 순간마다 삶의 의미를 생각하면서, 왜 살아야 하는지를 끊임없이 고민하고 죽음을 의식하며 살아내는 사람이다. 반항하는 인간이 되기 위해서는 항상 의식이 깨어 있는 삶을 살아야 한다. 삶의 의미가 없을 수도 있다는 현실을 그대로 바라보면서 최선을 다해서 살아가는 것이다.

중요한 것은 삶을 살아가는 이유가 아니라 삶 그 자체다. 그저 '나에게 주어진 모든 순간'과 '숨 쉬고 있는 모든 것'이 내가 집중하고 의식해야 하는 대상이 된다. 카뮈는 "반항은 인간이 자신에게 끊임없이 현존함을 뜻한다"라고 말했다.

카뮈는 소설 『페스트』의 주인공을 통해서 반항하는 인간의 모습을 보여준다. 전염병인 페스트에 맞서 끊임없이 대항하는 의사 리유는, 페스트로부터 구원될 것이라는 기약은 없지만 체념하거나 포기하지 않고 환자를 치료한다. 인간이 도저히 이해하지 못하는 페스트라는 전염병에 맞서고, 세상과의 부조리 속에서 리유는 반항하는 것이다. 리유는 페스트라는 최악의 상황에서 온전히 자신만의 삶을 살아간다.

카뮈는 "만약 우리가 아무것도 믿지 않는다면, 만약 어떤 것도 아무런 의미가 없다면, 만약 우리가 어떤 가치도 긍정할 수 없다면 무엇이든 다 가능하게 되고, 그 어떤 중요한 것은 없게 된다"라고 강조했다. 역설적으로 무의미한 세상에서 인간은 더 자유로워질 수 있다는 것이다. 세상이 무의미하다는 것은 세상의 모든 것들의 가치가 큰 차이가 없다는 의미다.

뫼르소를 보면 돈이나 결혼, 승진, 자신이 사형을 당할지도 모르는 재판에서까지 어떠한 감정도 느끼지 못한다. 하지만 다양한 사람들이 사회에서 추구하는 개념들에서 대해서는 상대적으로 자유롭다. 그 이유는 집착하지 않기 때문이다. 내가 자유롭지 못한 상태에 놓인다는 것은 특정 신념이나 물질적인 것에 집착하기 때문이다. 돈이나 명예에 집착하지 않는 이유는 그런 것들에게서 큰 의미를 느끼지 못하기 때문이다.

누군가 나를 괴롭힌다는 것은 그 사람의 인생에서 나에 대한 우선순위가 매우 높다는 것을 의미한다. 나의 한마디 말이 그 사람에게는 큰 영향을 미치기 때문에 나를 괴롭히는 것이다. 개념이나 내가 부여한 의미에서 자유로워지면 이 세계의 무의미함은 나에게 자유를 가져다준다. 따라서 지금 나를 괴롭히는 것에 큰 의미를 부여하지 않아도 된다. 그렇게 나는 자유로워진다. 자유로워진 상태에서 그저 내 삶을 꿋꿋하게 살아내면 된다.

카뮈는 "부조리에 대한 인식이 시작점이 되어야 한다"라고 말했다. 세상은 무의미하고 가치가 없다. 그럼에도 불구하고 인간은 살아갈 수 있다. 카뮈는 오히려 더 자유로워지고 열정을 갖고 살 수 있다고 주장했다. 그저 주어진 삶을 살아내면 된다.

카뮈는 『반항하는 인간』에서 말했다.

"나는 반항한다. 그렇기에 나는 존재한다."

살다 보면 공허함을 느낄 때가 있다. 특히 인생 중반을 지나는 시기가 찾아오면 내가 속한 사회에서 도태된다는 감정을 느낀다. 그리고 그동안 내가 중요하다고 생각했던 가치가 무너지기도 한다.

카뮈가 전해주는 메시지는 무의미함 속에서도 내 삶을 더 치열하게 살아갈 수 있는 귀중한 관점을 전해준다. 내가 중요하다고 믿고 살아왔던 가치들에 대해 집착할 필요가 없다. 가장 중요한 것은 '가치에 대한 의미'가 아니라 '내 삶 그 자체'기 때문이다. 의미나 목적으로 살아가는 것이 아니라, 나에게 주어진 모든 것을 느끼고 온전하게 경험하면서 살아가는 것이다.

인생을 잘 사는 방법은 나의 인생에 집중하면서 사는 것이다. 인생을 통해 얻을 수 있는 성취나 미래에 다가올 결과에 집중하는 것이 아니라, 지금 나에게 주어진 순간들에 집중해야 한다. 경제적으로 부자가 되거나, 사회적으로 큰 명예를 얻거나, 내가 지금 원하는 것들만 바라보면서 살아가는 것이 아니라, 내 인생에 주어진 것들에 한번이라도 더 관심을 기울이며 감사함을 느끼면서 살아가는 것이다.

언젠가 죽는다는 사실은 그리 중요하지 않다. 오늘 하루를 후회 없이 살면 되기 때문이다. 그게 더 잘 사는 길이다. 삶에서 아무런 의미를 느낄 수 없다고 해서 그 삶이 살아갈 가치가 없는 것은 아니다. 지금 나는 살아 있고, 그 사실이 제일 중요하다.

"나는 반항한다. 고로 존재한다."

William
James

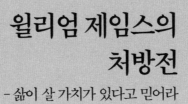

윌리엄 제임스의
처방전

- 삶이 살 가치가 있다고 믿어라

2부

　인생에서 항상 빛나고 기쁜 순간만 있다면 우리의 삶은 언제나 즐겁고 행복으로 가득할 것이다. 하지만 빛이 있으면 반드시 어둠이 있듯이 우리 인생에는 고통의 순간들이 끊임없이 찾아온다.

　행복하고 기쁜 상황에서 삶은 기꺼이 누리고 싶고 살아갈 가치가 가득하겠지만, 인생에 다양한 문제들이 몰아치는 순간이 닥치면 내일이 오는 것이 두려워진다. 갑자기 들이닥친 경제적 문제들, 하루라도 더 가기 싫은 회사 내에서의 인간 군상과 나의 스트레스를 유발하는 다양한 부정적인 상황들은 나를 너무나 고통스럽게 만든다. 사람들과의 인간관계에서 오는 상처들 또한 지금 내가 살고 있는 이번 생을 과연 내가 계속 살아가도 될지 의문이 드는 순간이 된다.

이 의문에 대한 답을 얻기 위해서는 윌리엄 제임스의 생각을 들여다볼 필요가 있다. 그는 '심리학의 아버지'라고 불리는 미국의 철학자다. 제임스는 심리학을 철학에서 독립된 과학적 학문으로 발전시키는 데 기여했다. 그의 저서 『심리학의 원리(The Principles of Psychology)』는 심리학 연구의 기초를 마련했다.

특히 의식, 감정, 의지 등에 대한 제임스의 연구는 오늘날까지 심리학에서 중요한 주제로 남아 있다. 존 듀이, 칼 융, 마르틴 하이데거, 아브라함 매슬로우 등에게 큰 영향을 주었으며, 제임스의 사상은 현재 미국의 긍정심리학 등 사회 전반적으로 계속해서 살아 숨 쉬고 있다.

제임스는 1895년에 「삶은 살 만한 가치가 있는 걸까?」라는 논문을 발표했다. 당시 미국 사회는 자살률이 점점 높아지고 있었다. 이런 환경에서 그는 '과연 우리의 인생이라는 것은 살아갈 가치가 있을까?'라는 묵직한 주제를 던지고 이에 대해 설명했다.

우리의 인생이라는 것은
살아갈 가치가 있을까?

삶은 정말 살아갈 가치가 있는 것일까? 어느 정도 재정적으로 안정되었고, 지인이나 가족들과도 별 문제 없이 잘 지내고, 가끔씩 여행도 갈 수 있을 만큼 시간적으로 여유도 있고, 취미생활을 즐길 수 있다면, 그렇게 삶이 특별한 이슈 없이 흘러가고 있다면 대다수 사람들은 '삶은 충분히 살아갈 가치가 있다'고 말할 것이다.

하지만 인생에서 고통의 끝자락에 서 있다면 어떨까? 예들 들어 집을 마련하기 위해 무리하게 받았던 대출 때문에 급여의 절반을 대출 이자를 갚는 데 사용하고, 아이들의 비싼 교육비를 감당하기 위해서 노후를 위한 준비는 전혀 하지 못하고 있다. 심지어 생활비에 보태기 위해서 회사 일 외에 야간이나 주말에도 대리기사나 배달 일을 해야만 한다. 극심한 경기침체 때문에 회사는 불안정해서 언제 구조조정을 당할지 몰라 너무나 불안하다. 물가는 계속 오르는데도 회사는 몇 년째 연봉을 동결하고 있다. 매일 출근하는 것이 지겹고, 현재의 자리를 얼마나 더 유지할 수 있을지 모른다.

그러다 보니 하루하루가 지나갈수록 몸과 마음은 점점 지쳐

가고, 경제적 고통은 건강의 위험으로 이어지며, 우울증에 걸렸나 싶을 정도로 정신은 무기력진다. 이런 위태로운 상황 속에서도 자신 있게 '지금 내 인생은 살아갈 가치가 충분히 있다'고 말할 수 있을까?

제임스는 "충분히 그럴 수 있다"라고 말했다. 그는 '삶이 무의미하고 무기력하고, 과연 내가 이 삶을 살아도 될까?'라는 의문은 인생의 고통이나 고난에서 오는 게 아니라고 말했다. 오히려 고통이나 고난은 삶에 대한 열정을 강화시킬 수도 있다고 했다.

도대체 무엇이 사람들이 삶을 무의미하다고 느끼게 만드는 것일까? 이에 대해 제임스는 『삶은 살 만한 가치가 있는 걸까?』에서 말했다.

"사람들의 주인인 신이 언제, 어디서든 우리와 함께 있다고 믿으며 그분과 소통하기를 바란다. 그러나 세계에서 나타나는 신의 속성은 우리의 기대와 충돌한다. 이 모순으로 인해 우리는 삶 속에서 죽음을 느끼고, 혼란에 빠지게 된다."

제임스는 '우상', 즉 사람들이 신적인 존재로 추앙하는 것들이 삶을 무의미하다고 느끼게 만든다고 말했다. 여기서 말하는 신은, 현대사회에서 생각해보면 종교적인 신뿐만 아니라 신의 역할을 하는 다양한 것들이 모두 포함한다.

사람들은 자기만의 '신'을 향해 어떤 기대와 바람을 갖고 있다. 예를 들어 자본주의에서 신의 역할을 하는 돈이라는 것은 사람들에게 '돈을 많이 벌고 싶다' '노동을 하지 않아도 내가 투자한 주식이나 부동산으로부터 매달 내 통장에 돈이 입금되었으면 좋겠다' 등 기대감을 갖고 살아가게 한다. 하지만 현실은 언제나 냉정하다.

재산을 축적해서 잘 살아가고 있는 사람들은 전체의 소수에 불과하다. 대부분의 사람들은 대출과 이자를 갚으면서 살아가고 있고, 많은 사람이 자신의 재산이 충분하지 못하다고 생각하면서 살아간다. 돈을 마치 신처럼 숭배시하고 돈이 없다면 당장 죽을 수 있다고 생각하기 때문에 돈을 향한 기대가 좌절되는 것은 죽는 것과도 같은 고통을 준다. 심지어 통장 잔고가 마이너스를 향했을 때 '더 이상 이 삶을 살아도 괜찮을까?'라는 생각까지 갖는다.

우리의 삶에 대한 미련이 무너지고 무의미함을 느끼는 이유는 우상에 대한 기대와 좌절 때문이다. 여기서 핵심은 '믿음의 좌절'이다. 믿음의 좌절은 삶의 방향성을 상실하게 하고, 나를 지탱하던 인생의 가치들이 모두 무너지는 것을 의미하기 때문이다.

'돈을 많이 벌고 싶다'는 바람이 무너졌을 때 우리는 큰 좌절을 경험한다. 그 이유는 우리가 돈을 인생에서 매우 중요한 것이라고 믿기 때문이다. 지금도 돈을 많이 벌지 못하지만 앞으로도 내가 큰돈을 벌 수 없다는 생각 그리고 노후에 필요한 자금을 마련할 수 없다는 생각들은 삶을 살아가는 이유를 찾기 어렵게 만든다.

돈뿐만이 아니다. 인생에서 너무나 소중하고 중요하다고 생각하는 가족이나 가까운 지인들에게 받은 배신은 마치 죽는 것과 같은 고통스러운 기분이 들게 한다. 왜냐하면 그 사람이 내 인생에서 중요하다고 믿고 있었기 때문이다. 이처럼 인기, 명예, 돈, 권력, 외모 등 현대사회에서 사람들이 믿고 숭배하는 것들이 사람들에게 큰 좌절을 가져올 때 삶을 살아갈 가치를 잃어버리게 된다.

우상을 버려야 하는 이유

우리가 삶의 가치를 찾기 위해서는 어떻게 해야 할까? 제임스는 "우상을 버려야 한다"라고 『삶은 살 만한 가치가 있는 걸까?』에서 말했다.

"우울증에서 자연스럽게 벗어나는 첫 번째 단계는 우상을 부인하는 것이다. 마음속에서 우상이 없어지면 완전한 기쁨을 못 느끼는 것은 여전하지만, 그래도 터덜거리거나 의기소침한 상태에 빠지는 증상은 줄어든다."

우상을 버려야 한다는 것은 나도 모르게 지나치게 의미를 부여하는 것들에 더 이상 큰 가치를 두지 않기 위해 노력해야 한다는 의미를 갖고 있다. 나에게 일어나는 일들은 좋거나 나쁜 일이 아니라 그냥 일어난 일일 뿐이다.

지진이 일어나면 사람들은 두려워하고 불안해한다. 하지만 자연의 원리에서 지진이라는 것은 일어날 일이 일어난 것이다. 지구를 구성하는 여러 개의 큰 판들이 서로 밀고 당기거나 부딪히고 움직여서 우리가 서 있는 땅이 흔들린 것에 불과하다. 지진은 객관적으로 보면 좋은 것도, 나쁜 것도 아니다. 사람들이 불행한 재난으로 해석했을 뿐이다.

경기침체가 온 것도 마찬가지다. 복잡한 경제 상황 속에서 사람들이 본인의 소득에 대한 불확실성을 느끼게 되고, 사람들은 돈을 아끼기 위해 상점에서 물건을 덜 사게 된다. 그러면 상점의 수입은 적어지고, 전보다 적은 양의 물건을 주문하게 된다. 그렇게 되면 물건을 만드는 회사도 일이 줄어들고, 근로자들을 해고할 수밖에 없는 상황이 된다. 이렇게 경제 전반에 걸쳐 돈이 돌지 않으면서 전체적으로 경제가 위축되는 현상은 경기침체가 일어난다. 사람들은 그 상황을 보고 자신의 관점으로 '이것은 불행한 일'이라고 해석한다.

대상에 대한 믿음이나 희망이 지나치게 클 경우 마치 신처럼 떠받드는 것들이 바로 '우상'이고, 그것은 우리가 버려야 하는 대상이다. 그렇게 인간은 끊임없이 자기만의 '우상'을 만들고 좌절하고 불행해한다.

나의 삶에서 내 생명을 좌지우지할 수 있을 정도로 내가 집착하고 숭배하는 대상은 무엇인가? 아마 대부분의 경우가 돈, 명예, 사회적 지위 등일 것이다. 이런 대상에 대한 숭배를 그만두어야 한다.

그렇다고 해서 돈을 벌지 말고 지위를 높이기 위해서 노력하지 말라는 것은 결코 아니다. 다만 나의 삶을 '우상'이 지배하게 두지 말라는 게 제임스가 말하는 '우상을 파괴하라'는 말의 의미다.

나의 삶보다 더 중요하게 여기고, 집착하고 숭배하는 대상이 존재하는 한 삶의 의미에는 조건이 필요하다. 돈이 있어야만 삶은 가치가 있는 것이고, 외모가 훌륭해야 삶의 의미가 더 생긴다. 명예나 사회적 지위가 높을수록 삶의 가치는 더 높아진다. 반대로 가난하면 삶을 살아갈 의미가 없고, 외모가 부족하면 살아갈 가치가 없는 것이며, 비루한 신분이라면 삶은 반드시 처참해야만 한다.

이게 바로 '우상'이 지배하는 삶의 모습이다. 하지만 물질적인 조건들에 대한 숭배를 중단하는 순간 인생의 의미는 인생 그 자체가 된다.

내 삶을 움직이는 것은
오직 믿음뿐

제임스는 『삶은 살 만한 가치가 있는 걸까?』에서 말했다.

"삶이 살 가치가 있다고 믿어라. 그러면 그 믿음이 그 사실을 만들어낼 것이다."

나의 삶을 움직이는 것은 결국 '나의 믿음'이다. 물질적인 조건이 나의 삶을 지배하게 두는 이유는 결국 내가 그렇게 믿기 때문이다. 삶의 의미라는 것은 내가 무엇을 가졌고 객관적으로 어떤 사람인가에 달려 있는 게 아니라, 내가 삶을 어떻게 받아들이고 믿느냐에 따라 형성되는 것이다.

그러나 여기서 문제가 있다. 나의 인생을 도대체 어떻게 믿을 수 있을까? 돈과 같은 물질적인 조건이라면 나뿐만 아니라 다른 사람들도 중요하게 생각하기 때문에 이를 믿음의 근거로 삼을 수 있다. 하지만 지금의 이 삶이라는 것이 앞으로 더 악화될지도 모르는데 도대체 어떤 근거로 내 인생을 믿을 수 있다는 것일까?

증거가 없어도 비록 내 인생이 굴곡은 있겠지만, 잘 흘러갈 것이라고, 살아갈 가치가 충분히 있다고 우리는 믿을 수 있다. 아니, 믿어야만 한다.

어떤 사람이 약 2미터쯤 되는 계곡을 뛰어넘어야 하는 상황이라고 가정해보자. 보통 우리는 평소에 계곡을 뛰어넘는 훈련을 하지 않기 때문에 내가 얼마나 뛸 수 있을지 잘 모른다. 그래서 '내가 2미터가 되는 계곡을 뛰어넘을 수 있다'는 근거를 찾으려고 해도 찾기 어려울 것이다.

계곡을 뛰어넘는 선택을 하려면 '내가 뛰어넘을 수 있다'라는 믿음이 필요하다. '내가 저 계곡을 뛰어넘을 수 있을까?' 하고 의문을 가지고 주저한다면, 자신감이 떨어져서 실제로 뛰어넘지 못할 가능성은 높아질 것이다. 계곡을 넘지 못하고 중간에 멈춰 서거나, 결국 쫓아오는 사람에게 잡힐 것이다. 하지만 이럴 때 눈에 보이는 것에만 집착하지 말고 '나는 이 계곡을 뛰어넘을 수 있다'는 믿음을 갖는다면, 그 믿음이 실제로 계곡을 뛰어넘는 데 큰 힘이 될 수도 있다. 과감하게 자신을 믿고 계곡을 뛰어넘겠다는 의지를 가지면, 그 믿음은 성공적으로 계곡을 넘게 해줄 것이다. 이처럼 믿음을 가질 때 더욱 만족스러운 결과를 얻을 수 있다.

우리의 인생도 마찬가지다. 인생은 확실한 상황보다 불확실한 상황이 더 많다. 불확실한 인생의 과정 속에서 나의 삶은 가치가 있고 내 삶은 살아갈 의미가 충분히 있다고 믿는다면, 삶을 더 잘 살아갈 가능성이 높아진다.

물론 인생의 모든 영역에서 근거 없는 믿음, 보이지 않는 믿음을 가져서는 안 된다. 우리에게 주어진 논리적 능력과 과학적 사고를 활용해서 철저하게 분석하고 행동에 옮겨야 한다. 일단 내 인생에 대한 믿음을 가지고 살다 보면 경험이라는 인생의 증거가 쌓이게 된다.

제임스는 『삶은 살 만한 가치가 있는 걸까?』에서 내가 살아갈 가치가 있다고 믿는다면 우리는 삶의 의미를 더 잘 발견할 수 있게 된다고 말했다.

"본질적인 신성 혹은 영속적인 의미는 평범한 브루클린 혹은 뉴욕시민이 아무 생각 없이 지나치는 광경 속에 존재하지,

다른 데 존재하지 않는다. 그곳에는 삶이 있고, 바로 한 발짝 옆에는 죽음이 있다. 언제 어디서도 볼 수 없는 종류의 아름다움이 있다."

삶의 의미는 언제 어디서나 발견할 수 있다. 특별한 경험이나 추억 또는 어떤 조건 속에서 삶의 의미를 발견할 수도 있지만, 내가 관심을 가지지 않았던 너무나 평범한 곳에서도 발견할 수 있다.

제임스는 "삶의 의미라는 것은 누구에게나 주어지는 선물이다"라고 말했다. 의미 있는 삶을 만들기 위해서 인권운동가, 오지의 자원봉사자, 정치가, 사업가, 성자 같은 사람이 될 필요는 더더욱 없다. 특별한 무언가를 하지 않아도 이 세상을 살아가면서 삶의 의미를 믿고 받아들이면서 인생 자체를 즐기면 삶의 의미는 저절로 따라온다.

지금 내 눈앞에 보이는 것, 들리는 것, 맛보는 것, 이 모든 것들에 삶의 가치들은 구석구석 숨어 있다. 다만 내가 그것을 믿지 않기 때문에 보이지 않았던 것이다. 나의 평범한 일상에 삶에 대한 믿음이 더해지면, 우리는 삶의 가치를 느끼는 경험들을 하나씩 하게 될 것이다. '아, 이렇게 내가 나 자신을 믿고 삶에 대한 가치를 믿었는데, 이런 경험을 하게 되는구나' 하면서 말이다.

그러면 자연스럽게 삶에 대한 믿음이 강해지고, 불확실한 상황이 와도 다시 용기 있는 선택을 할 수 있게 된다. 긍정적인 인생의 선순환이 만들어져서 결국 나의 삶에 대한 믿음, 가치는 더욱 굳건해질 것이다.

"삶이 살 가치가 있다고 믿어라.
그러면 그 믿음이 그 사실을 만들어낼 것이다."

Arthur
Schopenhauer

쇼펜하우어의
처방전

- 고통을 겪으면서도 그 경험을 즐겨라

3부

아르투어 쇼펜하우어는 『의지와 표상으로서의 세계』에서
말했다.

"삶이란 고통과 끊임없이 싸워가는 여정이며, 행복을 느끼
는 순간은 극히 짧다. 인간은 결국 고통 속에서 살아가다 죽음
을 맞이하는 존재다."

많은 사람들이 평온한 삶을 기대하며 살아간다. 학창시절
에는 화목한 가정에서 원하는 성적을 얻어 대학교에 진학하는
일상을 상상하고, 졸업 후에는 모두가 알아주는 회사에 취업해
서 누구나 부러워하는 가정을 이루기를 꿈꾼다. 그렇게 사회가
요구하는 조건들을 충족하며 별 문제 없이 살아가는 것을 평

균적인 삶이라 생각한다.

하지만 인생 중반기에 이르면 삶이 그렇게 평온하게 흘러가지 않는다는 사실을 깨닫는다. 사기를 당해서 경제적으로 어려움을 겪게 되거나 정리해고를 당하고, 사업에 실패하거나 건강 문제를 겪는 등 예상하지 못한 문제들이 불쑥 찾아온다.

갑작스럽게 찾아온 어려움을 어떻게 대처해야 할지 모르는 막막한 상황에서 두려움과 불안감만 남게 된다. 이러한 문제들이 인생에 딱 한 번만 일어나면 어떻게든 극복할 수 있겠지만 고통스러운 일들은 끊임없이 찾아온다. 평온한 삶을 원하지만 고통으로 가득한 것이 현실임을 깨닫는 나이가 바로 마흔 즈음이다.

고통이 내 인생의
귀중한 이야기를 만들어낸다

쇼펜하우어는 『소품과 부록』에서 말했다.

인간의 "삶은 고통과 결핍으로 가득 차 있다. 이 고통을 견디고 그것과 함께 살아가는 법을 배우는 것이 우리의 과제다. 만족과 평온은 잠시뿐이며, 인간의 의지는 끊임없이 새로운 욕망을 만들어낸다."

왜 삶은 이렇게 고통인 것일까? 인간의 욕망이 삶을 고통으로 만들기 때문이다. 어떤 사람들은 재정적인 안정과 풍요로운 삶을 위해 부자가 되고 싶어 한다. 또 다른 이들은 타인에게 인정받고 유명해지고 싶어 한다. 사랑과 인정을 바라는 욕망은 많은 사람이 갖고 있는 본능 중 하나며, 건강을 유지하고자 하는 것 또한 자연스러운 욕망 중 하나다.

"집이 한 채 있으면 두 채를 갖고 싶어 하고, 두 채를 가지면 세 채를 원한다. 재산이 늘어나는 것에 대해 인간은 감사하기는커녕 그것을 너무나도 당연하게 여긴다"라고 쇼펜하우어가 갈파했듯이 욕망은 밑 빠진 독에 물을 붓는 것마냥 충족되지 않는다. 원하는 것을 한 가지 이루었다고 해도 나머지 아홉 가지의 원하는 것을 갈망하는 게 우리 인간이다.

충족하기 어려운 끝없는 욕망은 인간의 삶을 고통과 권태에 시달리게 하고, 결국 불행하게 만든다. 어렸을 때는 원하는 것을 다 이루면 모든 게 행복할 것이라는 생각을 한다. 하지만 인생 중반을 넘어가는 시점에서는, 힘들게 목표를 이루어도 충만감은 잠시고 즐거움은 빠르게 사라짐을 느낀다.

대학교에 합격하고 원하는 회사에 취업하는 것과 같이 누구나 꿈꿔왔던 인생의 순간들이 있다. 하지만 목표를 이루는 순

쇼펜하우어의 처방전 - 고통을 겪으면서도 그 경험을 즐겨라

간 충만감은 잠시고, 목표를 이룬 것이 당연한 일이 되는 순간 자연스럽게 다음 목표를 찾게 되며, 그 과정에서 삶은 다시 공허하고 허전해진다.

권태로움은 삶을 공허하게 한다. 욕망이 충족되면 권태로움이 삶을 더욱 허무하게 만들며, 이런 상태에서 인간은 도박과 다툼 등 다양한 자극을 추구하게 된다. 욕망이 충족되면 권태가 찾아오고, 부족하면 결핍이 온다. 결국 인생은 불행할 수밖에 없는 것이다.

우리가 살고 있는 시대는 인류 역사상 가장 풍요로운 사회다. 하지만 삶을 뒤돌아보면 풍요로운 사회에 비해 마냥 행복하다고 느껴지지 않는다. 1990년에서 2017년 사이에 전 세계에서 우울증 건수가 50퍼센트나 증가했다는 통계가 있다. 먹고 사는 문제가 해결되고 경제적으로 풍족해졌지만 사람들은 더 우울하고, 권태로움을 느끼게 되었다. 그리고 온갖 자극적인 것들로 시간을 채우게 되었다.

쇼펜하우어는 『의지와 표상으로서의 세계』에서 말했다.

"인간의 삶은 고통과 지루함 사이를 시계추처럼 계속 왔다 갔다 한다."

이처럼 인간의 삶은 고통 그 자체인데, 과연 살아갈 가치가 있는 것일까? 고통스러운 인생의 끝에는 죽음이라는 운명이 기다리고 있는데, 왜 우리는 이토록 고통스런 삶을 살아가야만 하는 것일까?

고통에는 숨겨진 의미가 있다. 고통은 내가 살아 있다고 의식하게 만들기도 한다. 쇼펜하우어는 "만약 인생에서 나의 삶을 방해하는 장애물이 전혀 없다면 삶에 대한 고민 없이 무의미하게 세월을 보낼 것이다"라고 말했다. 평소에는 건강의 소중함에 대해 전혀 생각하지 않고 있다가 병든 후에야 깨닫게 되는 것과 마찬가지로, 고통은 삶의 의미와 가치를 깨닫게 하는 데 도움을 준다.

인간에게는 노동, 가난, 정신적 압박, 고뇌와 같은 동력이 필요하다. 배가 항해하기 위해서 바람과 엔진 같은 동력이 필요하듯이 인간에게도 육체 또는 정신적 고뇌 같은 동력이 반드시 필요하다. 삶의 모든 것이 평온하고 만족스럽다면 인류의 위대한 발명품이나 예술작품은 나오지 않았을 것이다.

역사적인 인물들 중에서도 고난과 힘든 상황을 극복하며 위대한 성과를 이룬 이들이 너무나 많다. 인도의 지도자 마하트마 간디는 영국의 식민지 지배에 대한 비폭력적 저항을 통해 인도의 독립을 위해 투쟁했다. 그는 수차례의 투옥에도 불구하고 인도 국민과 함께 어려움을 극복했다.

아브라함 링컨은 불우한 어린 시절의 기억과 어머니와 자녀 그리고 첫사랑의 죽음, 아버지와 아내와의 갈등, 정치적 좌절 등 큰 고통을 겪었다. 우울증도 심했다. 하지만 그럼에도 불구하고 그는 미국에서 가장 사랑받는 대통령이 되었다.

쇼펜하우어는 어린 나이에 아버지가 자살하는 사건을 겪었고, 어머니와 평생 갈등했다. 그의 책 『의지와 표상으로서의 세계』는 출판한 지 16년이 넘는 시간 동안 주목을 받지 못했다. 그러다가 그의 나이가 63세에 이르러서야 대중적인 인기를 얻고 사람들의 주목을 받았다.

고통과 고뇌는 어떻게든 벗어버리고 싶지만 그것들이 동력이 되어 우리를 움직이고 앞으로 나아가게 만든다. 우리가 원하는 것마다 성취하고 만족해 땀을 흘려야 할 필요가 없어진다면, 결국 인간은 무료함을 견디지 못하고 지금의 고통보다 더 큰 고통을 느낄 것이다.

'최소 노력의 법칙'이라는 개념이 있다. 우리의 뇌는 노력을 기울이지 않고 얻은 것에 대해 가치가 있다고 받아들이지 않는다. 반면에 힘들게 일하거나 노력해서 얻은 결과에 대해서는 굉장한 가치와 의미를 부여한다.

사람들은 편한 길을 택하려는 경향이 있다. 하지만 이런 선택은 어떤 결과가 나오든 가치와 의미를 크게 느끼지 못하기 때문에 우리를 고통에 취약하게 만들고, 더 큰 실망과 불만족을 초래하기도 한다. 반대로 고생으로 얻은 일들은 결과가 좋지 않더라도 내 삶에 좋은 추억이 되고, 나를 성장시키는 경험으로 남게 된다.

사람들은 삶이 그저 편안하고 아무 일도 일어나지 않기를 바라지만 '고난과 고통이 나의 인생에서 귀중한 이야기를 만들어낸다'는 것을 잊지 말아야 한다. 그리고 지속적으로 즐길 수 있는 것들은 내가 감내할 수 있는 것들이다.

무언가를 배우고 성장하는 과정은 힘들겠지만 그 결과로 얻게 되는 진정한 즐거움과 만족은 어떤 것보다 가치 있다. 운동선수들이 극한의 훈련을 통해 기량을 키우고 성장하듯이, 우리의 삶에서도 어려움을 극복하고 성장하는 것은 중요한 일이다. 어려움을 해결하는 과정을 통해 얻는 성취와 행복은 삶을 진정한 만족으로 이끄는 원동력이 된다. 나 자신을 발전시키며 노력하는 것이야말로 우리가 진심으로 즐길 수 있는 일을 찾아가는 비결이다.

인간에게는 개인적이고 사회적인 고뇌가 반드시 필요하다. 어려움과 고통을 겪으면서도 그 경험을 즐긴다면 더 나은 인간으로 성장할 수 있기 때문이다. "모든 개인의 삶은 단순히 존재하기 위한 투쟁이 아니라, 행복을 위한 끊임없는 투쟁이다"라는 쇼펜하우어의 말처럼 고통스럽고 어렵더라도 하나씩 해결해나가는 것이 삶의 진정한 의미와 가치를 찾아가는 과정이 된다.

인생은 결국
'나'에게 달려 있다

쇼펜하우어는 『소품과 부록』에서 말했다.

"각자가 사는 세상은 그들이 그것을 어떻게 인식하느냐, 즉 그들의 사고방식에 크게 달려 있다. 그래서 한 사람에게 세상은 빈곤하고 지루하며 하찮은 곳이지만, 다른 사람에게는 풍요롭고 흥미로우며 의미 있는 곳이 된다."

우리는 객관적인 세계와 주관적인 세계에서 살아가고 있다. 객관적인 세계란 직장, 가족, 인간관계처럼 내가 처한 현실이다. 때로는 현실이 가혹할 때도 있다. 하지만 경제적으로 문제가 있거나 인간관계 속에서 갈등 같은 부정적인 상황들이 적다고 해서 인생이 행복해지는 것은 아니다. 어차피 인생은 고통과 고뇌의 연속이다. 아무리 노력해도 고통스러운 상황은 피할 수 없다.

행복을 결정하는 것은 주관적인 세계다. 사람들은 똑같은 환경에 처해도 모두 다르게 판단하고 다르게 행동한다. 같은 직장에 다니고 동일한 지위에 있어도 그 상황에서 느끼는 생각은 사람마다 다르다. 어려운 프로젝트로 고생하는 상황이라도 긍정적인 시선으로 바라보는 사람이 있고, 부정적인 것만 골라서 온갖 불평을 쏟아내는 사람도 있다. 이렇게 각자가 살고 있는 내부의 세계를 '주관적인 세계'라고 한다.

행복은 결국 나의 내면인 주관적인 세계에 달려 있다. 모두의 인생이 고통으로 가득하더라도 어떠한 관점으로 바라보는가에 따라서 전혀 다른 인생이 만들어진다.

궁극적으로 '내가 누구인가'가 행복한 인생을 살게 하는 결정적인 요소다. 나의 인격, 성향, 내가 갖고 있는 정신적 수준 등 나의 본질을 구성하는 것들이 나의 삶을 결정한다.

인간의 행복이나 삶 전체에 근본적인 것은 인간의 내부에 존재하며, 모든 것은 인간의 내부에서 일어난다. 결국 기쁨을 느끼는 것도, 불쾌감과 부정적인 감정을 느끼는 것도 모두 나의 내부에서 일어난다. 나를 이루는 요소들이 주관적인 세계를 형성하고, 이에 따라 나의 불행과 행복이 결정된다.

우울한 인간은 열 가지 계획 중 아홉 가지가 성공해도 아홉

쇼펜하우어의 처방전 - 고통을 겪으면서도 그 경험을 즐겨라

가지의 성공을 기뻐하지 않고 하나의 실패에 좌절한다. 반면 긍정적인 사고를 하는 인간은 열 가지 계획 중 한 가지만 성공해도 행복을 느끼는 상태가 된다. 이처럼 긍정적인 마음가짐은 행복과 관련해 중요한 역할을 한다.

나를 이루고 형성하는 정체성이 나의 행복을 결정한다. 스스로를 용기와 지혜를 갖고 있는 사람이라는 정체성을 확립하고, 이를 기반으로 한 다양한 신념을 갖고 있다면, 인생을 행복하게 사는 데 매우 유리한 위치에 있는 것이다.

지금 돈이 많거나 명예가 높은 것이 중요한 것이 아니다. 이런 조건들은 살아가는 동안 언제든 변화할 수 있기 때문이다. 삶을 살다 보면 경제적으로 어려움에 닥치는 시기가 있는가 하면, 부유한 시기도 있기 마련이다. 직장의 직위라는 것도 인생의 시간마다 달라진다. 사회 초년생이 말단으로 시작해서 40대 중반에 매우 높은 직위에 올라갔다가, 50대 중후반에 나락으로 떨어질 수도 있다. 따라서 명예도 매우 불확실한 것이다.

나를 둘러싼 환경은 매일 변하지만 본질적으로 내가 어떤 사람인지는 변하지 않는다. 나라는 사람의 본질을 지켜내기 위해서는 외부로부터 나를 뒤흔드는 욕망에도 넘어가지 않는 단단한 나를 만드는 것이 중요하다.

나를 뒤흔드는
소유욕 등의 욕망들

욕망은 경계해야 한다. 특히 소유욕과 명예욕을 조심해야
한다. 그래서 쇼펜하우어는 『소품과 부록』에서 이렇게 말했다.

"마음 편히 살기 위해서는 별로 중요하지 않은 일에 대해
너무 큰 희망을 품거나 지나치게 두려워하지 말아야 한다."

흔히 사람들은 자신이 무엇을 갖고 있는가가 행복을 결정한
다고 말한다. 하지만 내가 갖고 있는 부와 재산이 나를 옭아맬
수도 있다. 특히 소유욕은 내가 갖고 있지 않은 것을 동경하게
만든다. 내가 무엇을 가졌는가를 생각하는 것이 아니라 부족한
게 무엇인가에 대해서만 생각의 초점을 모으게 된다.

소유에 대한 욕망은 절대적인 양에 달려 있는 게 아니라 상
대적인 양에 달려 있다. 어떤 물건을 갖고 싶다고 생각하지 않
는다면 그 사물은 소유욕의 대상이 아니다. 그 사물이 없어도
충분히 만족할 수 있기 때문이다.

반면에 부를 가진 사람이더라도 자신이 원하는 것이 없다
고 생각하면 불행하다고 느끼게 된다. 소유에 대한 욕망이 끝
이 없는 이유는 상대적인 양과 관련되어 있기 때문이다. 만약
절대적인 기준이 있다면 기준을 채우면 된다. 하지만 상대적인

쇼펜하우어의 처방전 · 고통을 겪으면서도 그 경험을 즐겨라

것은 항상 누군가와 비교하고, 나에게서 부족한 것만을 찾게 한다. 그래서 소유욕은 나를 어떠한 상황에서도 결핍된 상태로 만든다. 내가 얼마를 소유한 것과는 관계가 없다. 사람들은 돈이 없어서 고통을 받는 것이 아니라 소유욕이 만든 상대적 박탈감 때문에 고통을 받는 것이다.

충분한 돈이 있다고 해도 나보다 더 많이 소유하고 있는 사람들과의 비교 때문에 나를 고통스럽게 만드는 것이다. 다른 사람들이 갖고 있는 것들이 나의 소유욕과 만나게 되면 내가 어떤 것이 부족한지 집중하게 되고, 결국 불행해진다.

"부는 마치 바닷물과 같다. 마시면 마실수록 더한 목마름에 시달린다"라는 쇼펜하우어의 말처럼 결핍은 또 다른 결핍을 낳고, 욕심은 더 큰 욕심을 부른다. 우리가 얻고자 하는 마음과 원하는 마음은 결국 더 큰 소유욕을 부추길 뿐이다.

소유욕과 같은 욕망에서 자유로워진다면 돈과 같이 외부적인 것들에 대한 고통 없이도 행복을 느낄 수 있다. 내면의 욕망에서 자유로워지고 현재 가진 것에 만족하며 삶을 즐긴다면 가진 것이 부족하다고 느끼지 않을 것이다.

쇼펜하우어는 『소품과 부록』에서 말했다.

"내 모든 것은 내 의식 안에서 존재한다. 그러나 타인의 시선 속에 비치는 나의 모습, 내가 존재하는 장소는 그들의 의식 안에 있다. 다른 사람들이 보는 나의 존재는 그들에게 보이는 이미지일 뿐이다. 하지만 그것은 직접적인 실체가 아니라, 간접적인 형태로만 존재할 뿐이다."

우리를 자주 흔드는 또 다른 욕망은 인정욕구, 명예욕이다. 인간은 다른 사람들이 자신을 어떻게 평가하는지에 지나치게 신경을 쓰는 경향이 있다. 누군가로부터 칭찬을 받으면 기분이 좋아진다. 인간에게는 명예욕이 있고, 다른 사람들에게 잘 보이고 싶은 욕망이 있기 때문이다. 하지만 타인의 견해가 나의 행복에 절대적인 도움이 되지 않는다. 칭찬에 의한 기쁨은 행복의 본질이 아니다.

다시 말하면 행복을 결정하는 것은 '내가 누구인지'와 같은 나만의 세계다. 이것은 나만의 재산이다. 다른 사람들의 눈에 비친 나의 모습에 지나치게 얽매인다면 나의 세계는 흔들리게 된다. 타인이 보는 나의 모습은 타인의 생각이 올바른지와 상관없이 그저 타인의 생각에 불과하다.

내가 긍정적인 생각을 하면서 사람들에게 친절하게 인사하고 자주 웃으며 주변을 배려하는 사람이라고 상상해보자. 직장 생활에서 힘든 일이 있어도 꾸준히 버티며 열심히 일했다. 그런데 어느 날 상사가 나를 보며 인사도 잘 하지 않고 표정도

밝지 않다며 나를 비판했다면 어떨까? 나에 대한 평가를 상사에게 의존한다면, 나는 그 상사 말대로 인사도 잘 하지 않고 표정도 어두운 사람이 되고 말 것이다. 나에 대한 가치를 다른 사람에게 맡겨버리는 것이다.

이렇게 타인의 생각에 의존하게 되면, 내가 나의 삶을 직접 주도하고 운영하는 것이 아니다. 다른 사람의 생각에 따라서 살아가게 되는 것이다. 내 행복을 내가 책임지는 것이 아니라 다른 사람의 눈치를 보면서 살아간다면, 스스로를 무시하는 결과로 이어진다. 지나치게 크고 고급스러운 집에 살거나, 수입에 비해서 값비싼 옷을 사는 것은 남의 눈을 의식하기 때문이다. 남에게 잘 보이기 위한 명예욕과 허영심을 가지고 다른 사람이 부여한 가치에 따라서 살아가는 태도다.

우리 모두는 스스로가 부여한 가치 안에서 살아야 하며, 다른 사람들의 시선에 휩쓸리지 말아야 한다. 남들이 이야기하는 나에 대한 평가에만 신경 쓰는 사람들은 마치 노예와 같은 삶을 사는 것이다.

타인이 생각하는 나에 대한 시선은 나의 겉모습만 보고 평가하기 때문에 정확하지 않다. 그 평가는 언제나 불확실성과 편향된 성향을 가지고 있다. 그리고 기본적으로 인간은 타인에 대해 큰 관심이 없다. 따라서 타인의 의견에 너무 많은 가치를 부여해서는 안 된다. 내가 가지고 있는 걱정과 두려움의 절반은 다른 사람들의 평가에서 비롯된다. 다른 사람들의 평가에서 벗어나면 마음이 평온해지고, 더 나은 인생을 즐길 수 있다.

타인의 시선에서 벗어나면 진정한 자아를 찾게 되고, 남들의 평가에만 의존하면 내 삶을 주도하지 못하게 된다. 결국 중요한 것은 나를 뒤흔드는 욕망에 대해 인식하면서 살아가는 삶이다.

내가 인생에서 어떤 선택을 해야 할 때 이것이 욕망에서 비롯된 것인지, 온전히 나라는 사람이 원하는 것인지 잘 살펴야 한다. 욕망의 노예가 되느냐, 아니면 주인이 되는가는 결국 내가 어떤 사람이 되는가에 달려 있다.

고뇌하는
나의 벗들이여

인생이 고통인 이유는 욕망 때문이다. 쇼펜하우어는 "인생의 고통에서 벗어나려면 궁극적으로 욕망이 없는 상태가 되어야 한다"라고 말했다. 우리가 욕망에 사로잡혀 있으면 인생은 고통 그 자체가 되지만, 욕망의 사슬에서 벗어나면 진정한 마음의 평온을 얻게 된다. 이게 바로 쇼펜하우어가 궁극적으로 추구하는 경지다.

결국 인생은 고통이지만, 내가 욕망과 고통을 어떻게 다루는가에 따라서 우리의 인생은 다른 양상으로 전개된다. 즉 내가 하기 나름에 따라 삶은 고통으로 가득한 지옥이 될 수도 있고, 아름다움으로 가득한 천국이 될 수도 있다.

인생은 고통이며, 고뇌의 시간들의 끝없는 향연이다. 하지만 내가 어떻게 살아가는가에 따라서 고통을 잘 다루고 인생에 찾아오는 힘든 시련을 극복하는 과정을 통해서 더 나은 내가 될 수도 있고, 고통에 잡아먹혀서 삶을 끝없는 비극으로 만들 수도 있다.

중요한 것은 나의 내면에 있는 주관적인 세계다. 내가 갖고 있는 인품, 성격, 건강, 기질, 성향 등은 내가 행복한 인생을 살아가는 데 큰 재산이 된다.

'내가 누구인가'를 결정하는 이런 재산들은 쉽게 변하지 않는다. 반면에 외부적인 환경이나 돈, 명예와 같은 것들은 언제든 변할 수 있다. 그래서 '내가 누구인가'는 행복에서 변하지 않는 본질적인 요소가 된다.

고통에서 벗어나는 길은 인생이 더 이상 욕망에 휘둘리지 않고 자유롭게 사는 삶이다. 모든 인간은 각자의 고뇌와 고통을 안고 살아간다. 그래서 쇼펜하우어는 『소품과 부록』에서 서로를 위로하는 말을 건네보라고 말했다.

"한 가지 제안을 하고 싶다. 우리가 서로를 부를 때, 이름 대신 '고통받는 나의 친구'라고 부르자. '고뇌하는 나의 벗들이여'라면서 말이다. 처음에는 어색하고 익숙하지 않겠지만, 시간이 지나면 서로를 이해하고 위로하는 말이 될 것이다."

고뇌하는 나의 벗들이여, 오늘도 평온한 하루를 맞이하라!

"고통을 견디고
그것과 함께 살아가는 법을 배우는 것이 우리의 과제다."

쇼펜하우어의 처방전 · 고통을 겪으면서도 그 경험을 즐겨라

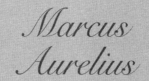

*Marcus
Aurelius*

아우렐리우스의
처방전

- 현재에 집중하는 삶을 살아라

4부

인생의 특정 단계에 이르면 책임감이 커지게 된다. 결혼을 하고 아이가 생겼다면 가정을 잘 보살펴야 하고, 직장에서 리더가 되었다면 팀을 이끌고 관리하는 의무가 생긴다. 나 혼자였다면 내가 짐을 짊어지고 해결하면 될 일이지만 내가 책임지고 있는 사람들에게도 영향을 미치게 된다.

나의 잘못된 판단으로 고통이 두세 배가 되고, 인생의 반환점을 돌아서 후반기를 준비하는 시점에 있다면 남은 인생이 꼬일 수 있다. 고난과 역경이 와도 정신을 차리고 침착하게 판단하며 살아야 하는 것이 인생 후반기를 준비하는 태도다. 젊었을 때 시행착오를 겪으며 쌓인 경험을 바탕으로 스토아 철학에서 알려주는 삶의 기술을 나에게 접목시킨다면 남은 인생을 아름답게 그려나갈 수 있을 것이다.

스토아 철학자 마르쿠스 아우렐리우스는 로마의 최전성기를 이끈 다섯 명의 황제 중 한 명이다. 그는 게르만족과의 전쟁 한복판에서 막사에 앉아 펜을 들었다. 그때 탄생한 것이 『명상록』이다.

아우렐리우스는 권력 앞에 초연했으며, 무절제, 분노, 증오 등 다양한 감정이 자신을 괴롭히는 것을 평생 동안 경계하면서 살았다. 로마의 황제이자 철학자로서의 삶을 살았던 그는 수많은 유혹과 고난에 직면해야 했다. 161년 황제가 되고 나서부터 전쟁과 전염병 그리고 가까운 사람들의 배신에 시달렸다. 나라의 재정이 급속도로 악화되는 가운데 무능하고 탐욕스러운 공동 황제 루키우스 베루스를 견제해야 했다. 게르만족의 침략으로 도시는 파괴되고, 아우렐리우스는 인생의 마지막 10년을 주로 전쟁터에서 보냈다.

비록 황제지만 그의 삶은 고뇌의 연속이었고, 그 속에서 스스로를 올바르게 다스려야 했다. 『명상록』은 아우렐리우스에게 닥쳤던 수많은 고난을 이겨내는 과정 중에 탄생한 철학적 사유며, 삶의 기술들을 기록한 책이다.

아우렐리우스와 같은 스토아 철학자는 2천 년이 지난 지금도 수많은 도서에서 지속적으로 언급되고 있다. 쇼펜하우어와 몽테뉴에게도 영향을 주었고, 라이언 홀리데이 등 자기계발 전문가에게도 심리적 기반을 제공했다. 현대에서는 불안과 우울을 치료하는 정서행동치료, 인지행동치료 기법을 개발하는 귀중한 계기가 되었다. 스토아 철학이 주는 사유는 나에게 찾아오는 역경을 어떻게 대하고 어떠한 삶의 태도를 가져야 할지에 대해 소중한 관점을 제시한다.

● 내 삶은 오직
내 손에 달려 있다

아우렐리우스는 『명상록』에서 나를 괴롭히는 것은 문제 자체가 아니라 이 문제에 대해 내가 어떻게 생각하고 판단하는지에 달려 있다고 말했다.

"어떤 외부 환경이나 상황 때문에 고통받는다면, 우리를 괴롭히는 것은 상황이 아니라 그에 대한 판단이며, 괴로움을 없애는 것은 우리의 판단에 달려 있다."

우리의 기분을 나쁘게 만들거나 기쁘게 만드는 것은 그 상황 자체가 아니라 상황에 대한 나의 생각이다. 이것은 신경과

학적으로 검증된 내용으로, 현대 인지심리치료의 핵심 내용이기도 하다.

우리에게 발생하는 일의 가치는 언제나 중립적이다. 다만 어떻게 해석하고 판단하는가에 따라 좋은 일이 되기도 하고, 나쁜 일이 되기도 한다. 괴로운 일, 고통스러운 일이 정해져 있는 것은 아니다. 내 인생에서 어떤 일이 일어났고 내가 고통스러운 일이라고 판단했기 때문에 나에게 괴로운 일이 되는 것이다. 그리고 그러한 생각들이 쌓여서 삶이 괴롭고 고통스럽게 변해간다.

가끔 일이 잘 풀리지 않을 때는 내가 선택했던 것들을 후회하며 자책할 때가 있다. 그러면 인생의 패배자가 된 것 같아 위축되고 좌절하기도 한다. 하지만 이런 생각들은 '사실'이 아니다. 모두 다 스스로가 만든 생각일 뿐이며, 나를 괴롭게 만드는 망상일 뿐이다. 즉 내가 판단한 '나는 패배자'라는 생각 때문에 괴로운 것이지, 실제로 풀리지 않은 일 때문에 괴로운 것은 아니다.

나를 갉아먹는 잘못된 생각이 인생에서 막대한 손해를 일으킨다. 어떤 일에 도전할 때마다 잘못된 생각들은 자신감을 잃게 만들고, 뒤로 물러나게 만든다. 포기해버린 일 중에서도 내가 잘 할 수 있는 일이 있었을지도 모른다. 그런데 나를 위축되게 만드는 생각들 때문에 기회를 잃게 되고, 결국 내 인생에서 엄청난 손해로 남게 된다. 내가 생각하는 것들은 이처럼 내 삶에 막대한 영향을 미친다.

아우렐리우스는 『명상록』에서 말했다.

"삶과 죽음, 명예와 치욕, 고통과 즐거움, 부유함과 가난함- 이러한 일들은 선한 사람이나 악한 사람 모두에게 똑같이 찾아오며, 그 자체로는 고귀한 것도, 수치스러운 것도 아니다. 따라서 이 모든 것들은 본질적으로 좋지도 나쁘지도 않다."

삶에서 내가 괴롭고 힘들다고 느끼는 것은 나 자신에게 달려 있다는 말이다. 나에게는 어떤 상황에서 어떤 생각을 할지 판단할 수 있는 힘이 있다. 따라서 내가 인생을 어떻게 바라보는가에 따라 삶의 풍경이 완전히 달라지는 것이다.

경험이라는 것도 어떻게 생각하는가에 따라서 창조할 수 있는 대상이 된다. 똑같은 경험을 하더라도 그것을 의미 있고 행복한 경험이라고 생각할 수도 있고, 최악의 경험이라고 생각할 수도 있다. 지금 느끼는 감정이나 기분 그리고 쌓여가는 경험들을 스스로 창조할 수 있다는 것은 결국 '내 인생의 주도권은 나 자신에게 달려 있다'는 의미가 된다. 아우렐리우스가 "우리는 어떤 사물이나 사건에 대해 아무런 의견을 가지지 않음으

아우렐리우스의 처방전 - 현재에 집중하는 삶을 살아라

로써 그것으로 인해 고통받는 선택을 할 수 있다. 왜냐하면 사물이나 사건 자체는 우리의 판단에 영향을 미칠 능력이 없기 때문이다"라고 말했듯이 내 삶에 대한 온전한 책임도 나에게 있다. 모든 것은 나에게서 시작되고 끝이 난다.

선택이 필요할 때 가장 먼저 해야 하는 것은 주관적인 판단을 내려놓는 것이다. 두려움과 불안감 그리고 욕망 등으로 인해서 상황을 정확하게 바라보지 못하면 나의 판단에 오류가 발생한다. 우리는 외적인 것들, 즉 타인과의 비교, 돈, 명예, 직위 등이 중요하지 않음에도 불구하고 중요하다고 생각하는 경향이 있다.

다른 사람들이 나를 어떻게 생각하고 대하는지는 실제로 그렇게 중요하지 않지만, 나는 촉각이 곤두설 만큼 나에게 매우 중요한 것이라고 여긴다. 어떤 사람이 나를 험담했다고 해서 내가 해를 입는 것은 아니다. 다만 내가 나에 대해 들려오는 이야기들에 의미를 부여하고 부정적인 감정에 휩싸이기 때문에 내 삶이 흔들리는 것이다.

아우렐리우스는 『명상록』에서 말했다.
"사물의 본질을 꿰뚫어 그것을 있는 그대로 바라보도록 하라. 만약 어떤 것이 가치 있게 보일 때는 그 외양을 벗겨내어

진정한 가치를 깨닫고, 사회적으로 덧씌워진 환상을 벗겨내야 한다."

부유한 재산과 높은 사회적 지위 때문에 잘못된 판단을 할 때도 있다. 부자, 유명한 사람 또는 사회적 지위가 높은 사람들이 하는 말은 권위에 가려져서 진리라고 믿고 맹신하며 진실의 여부를 제대로 판단하지 못하고 내 삶에 적용하려고 한다.

외적인 것들을 있는 그대로 바라보아야 한다. 아우렐리우스는 "명예나 직위가 높고 돈이 많다고 해서 지나치게 의미를 부여해서는 안 된다"라고 강조했다. 명예와 직위가 나에게 중요하다고 생각한다면 그것들을 잃어버렸을 때 나의 삶은 처참하게 변할까? 돈과 명예는 살다 보면 있을 때도 있고 없을 때도 있는데, 풍족하면 내 삶이 무조건 행복하고 부족하면 불행해지는 것일까?

눈에 보이는 외적인 것에 집착하고, 외적인 것이 중요하다고 판단할수록 삶은 고요한 날 없이 늘 흔들리게 된다. 인생에서 가장 중요한 것이라고 생각하는 것들에 대해 다시 한번 돌아봐야 한다. 나에게 일어난 일들을 객관적으로 바라볼수록 더 많은 것들을 볼 수 있게 된다. 지나친 욕심이나 권위에 집착할수록 상황은 과대평가하기 마련이다.

인생 후반기를 준비하는 시점에서 가장 경계해야 하는 것은 삶을 갉아먹고 파괴하는 지나친 욕심이나 집착이다. 외적인 것들을 과대평가하고 의미를 부여하는 과정에서 욕심과 집착이 생겨난다. 모든 상황을 확대해석하고 두려운 마음이 생겨나기 때문에 삶이 힘들어지는 것이다. "네가 보는 모든 것은 한순간에 변하고 곧 사라진다. 네가 이미 얼마나 많은 변화를 목격했는지 기억해라. 세상은 끊임없이 변하며, 삶은 오직 네가 그것을 어떻게 바라보는가에 달려 있다"라는 아우렐리우스의 말은 나이가 들어갈수록 더욱 묵직하게 다가온다.

나를 둘러싼 외적인 것들에 의미를 부여하지 않는다는 것은 쉽지 않다. 아우렐리우스는 욕망이나 두려움으로부터 벗어날 수 있는 다양한 생각의 도구를 소개했다.

결국 중요한 것은 지금 이 순간

아우렐리우스는 『명상록』에서 말했다.

"존재하는 모든 것과 존재할 것들이 얼마나 빠르게 사라지는지 자주 생각해보라. 모든 물질은 끊임없이 흐르는 강과 같아서 그 활동과 원인은 계속 변화한다. 거의 모든 것은 고정되어 있지 않다. 우리는 이미 지나간 것들과 앞으로 올 것들 사이에 서 있고, 그 모든 것이 심연 속으로 사라진다. 이러한 이유로 불안해하거나 흥분하며, 그것들이 영원할 것처럼 여기는 것은 어리석은 일이 아닌가?"

인간사는 쉽게 변하고 소멸한다. 불과 몇 년 전만 해도 중요하다고 생각했던 개념들이 변하거나 사라진다. 세상의 모든 것들은 멈추지 않고 흐르는 강과 같다. 과거의 일 중에서 지금 나에게 남아 있는 것들은 얼마나 될까? 과거의 어느 날에 잠 못 자고 괴로워했던 일들은 이제 아예 기억나지 않거나 그저 해프닝으로 남아 있을 뿐이다. 끝없이 생성되고 소멸하는 생태계와 같이 내 인생에서 일어나는 모든 것들은 변화하고 사라진다.

내 것이라고 생각했던 재산, 명예, 돈, 사회적 지위도 결국에는 내 손을 떠나는 것들이다. 사회에서 누리는 직위나 권력은 은퇴와 함께 바로 사라진다. 과거에 유명세를 누리던 사람들도 몇 년만 지나면 대중의 관심에서 멀어져 있다. 기업도 20년이 넘게 유지되는 회사가 드물 정도로 쉽게 망하고 또 생겨난다. 영원할 것만 같은 국가도 마찬가지다. 인간의 역사를 보면 세계 속 강대국은 계속해서 바뀌었다. 대영제국이라고 일컫는 영국이 전 세계의 영토의 20퍼센트를 차지했던 시간이 있었고, 독일이 최강국이었던 때도 있었다. 한국은 삼국시대, 고려, 조선 등 여러 나라를 거쳐서 변화했다. 지구라는 행성도 광대한 우주 속 하나의 별에 불과할 뿐이다. 지금 나에게 일어난 일들이 얼마나 사소한지를 깨달아야 한다. 그래서 아우렐리우스는 『명상록』에서 이렇게 말했다.

"결국, 모든 필멸하는 존재의 삶이 얼마나 짧고 하찮은지 잊지 말아야 한다. 어제는 점액 덩어리에 불과했던 것이 내일은 미라나 재로 변할 것이다. 네 명성과 그 밖의 모든 것들이 사실 아무런 가치가 없다는 것을 깨달아라."

지금 겪고 있는 여러 가지 일과 나를 둘러싼 환경은 언제든지 바뀌고 사라지기 마련이다. 집착하거나 중요시할 필요가 없는 일들이다. 다만 유한하고 소멸될 수밖에 없는 인간 세상을 바라볼 때 필요한 것은 내가 얼마를 가졌든, 어떤 직위에 있든, 얼마나 알고 있든 상관없이 언제나 겸손해야 하며, 나를 두렵게 하는 모든 것들을 그저 사소한 것으로 여기는 용기를 갖는 태도다.

아우렐리우스는 『명상록』에서 말했다.

"우리 모두가 아주 짧은 이 순간만을 살고 있음을 기억하라. 다른 시간들은 이미 지나갔거나 아직 오지 않았다. 아무도 과거나 미래를 잃을 수 없다. 지금 소유하지도 않은 것을 어떻게 빼앗길 수 있겠는가? 나에게 주어진 것은 오직 지금 이 순간뿐이다."

끝없이 변화하고 사라지는 세상에서 내가 집중해야 하는 것은 '바로 지금'이다. 다가올 미래는 불확실하고, 과거의 것들은 이미 사라졌다. 두려움이나 불안 또는 욕망을 일으키는 생각은 과거나 미래에 속해 있다. 절대 바뀔 수 없는 과거에 대한 생각은 집착을 만들고, 미래에 대한 불확실함은 두려움과 불안함을 만든다.

나에게 주어진 것은 지금 이 순간뿐이고, 내 삶은 외적인 요인이 아니라 나의 행동과 태도에 달려 있다. 현재에 집중하는 삶을 살아낸다는 것은 과거와 미래에 대한 막연한 생각에게 내 인생을 내주지 않는다는 의미다.

지금 이 순간에는 무수히 많은 삶의 선물이 숨어 있다. 당연하게 생각했던 가족은 지금 내가 누리는 행복이고, 소소한 일상들 역시 인생의 큰 선물이다. 나에게 실존하는 시간은 오직 현재일 뿐이다.

하지만 앞으로 다가올 일을 예측하고, 미래에 대해 신중하게 결정하며, 과거로부터의 경험을 바탕으로 배우는 것 또한 필요하다. 과거와 미래에 인생을 낭비하지 않고 현재에 집중하며, 나에게 주어진 모든 순간을 즐겨야 한다.

아우렐리우스의 처방전 · 현재에 집중하는 삶을 살아라

성찰하고
또 성찰하라

아우렐리우스는 『명상록』에서 말했다.

"하루하루를 인생의 마지막 날처럼 살아라. 흥분하지 않고, 무관심해지지도 않으며, 가식 없이 살아가는 것, 이것이 인격의 완성이다."

여전히 삶에서 생겨나는 복잡한 감정과 욕망에서 완전하게 자유로워지는 것은 어렵다. 그래서 아우렐리우스가 강조한 것은 '끊임없는 자기성찰'이다.

아우렐리우스를 비롯한 스토아 철학자들은 잠에서 깨어난 아침과 잠자리에 들기 전에 내면을 들여다보고 성찰하는 시간을 보냈다. 부정적인 감정에서 벗어나기 위해 준비해야 하는 마음가짐과 평정심을 갖기 위해서 필요한 것이 무엇인지를 아침이 밝을 무렵에 스스로에게 물으며 항상 감사하는 마음을 갖기 위해서 노력했다. 혼란스러운 세상에서 평온함을 유지하기 위해 매일 준비했던 것이다.

잠자리에 들기 전에는 하루를 돌아보면서 글을 썼다. 아우렐리우스의 『명상록』도 황제라는 직위, 궁전에서 일어나는 다양한 암투와 게르만족의 침입이라는 혼란스러운 상황에서, 아우렐리우스가 평온한 마음을 유지하고 상황을 똑바로 인식하기 위한 목적으로 자신만을 위한 글을 쓴 것이다. 밤마다 실천하는 반성과 평가는 상황을 객관적으로 바라보게 도와준다.

아우렐리우스는『명상록』에서 말했다.

"아침에 일어나면 살아 있음, 숨을 쉬고 사색하며, 즐기고 사랑할 수 있는 것이 얼마나 소중한 특권인지 생각해보라."

인생 전반기를 마치고, 후반기를 준비하는 시점에서 필요한 것은 삶에 대한 관점이다. 그리고 "삶을 어지럽히는 것은 내가 어떻게 세상을 바라보는가에 달려 있으며, 결국 내가 갖고 있는 관점이 삶을 좌지우지할 수 있다"라는 아우렐리우스의 조언은 인생의 후반기를 준비하는 데 좋은 밑거름이 된다.

집착과 욕심에서 벗어나는 자세를 가지고 현재의 소중함을 느끼자. 그런 마음가짐을 통해 우리의 삶은 공허와 무기력에서 벗어나 더욱더 단단해질 것이다.

"아무도 과거나 미래를 잃을 수 없다.
나에게 주어진 것은 오직 지금 이 순간뿐이다."

아우렐리우스의 처방전 · 현재에 집중하는 삶을 살아라

Śākyamuni

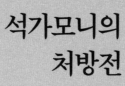

석가모니의
처방전
- 고통도, 괴로움도 다 공(空)함을 깨달아라

5부

인생 중반까지 나는 분명 열심히 살고 있었다. 그런데 왜 삶은 끊임없이 괴로운 것일까?

좋은 부모가 되기 위해서 아이들을 양육하고 일도 병행하며 최선을 다해서 살았다. 아이들이 대학교에 갈 때까지 내 인생은 접어두고 아이들을 위해 살기로 했지만, 사춘기에 접어든 자녀는 날카로운 말들로 내 결심을 무너뜨린다. 배우자는 나의 기대와 다르게 나만큼 희생하지 않고 본인의 삶만 중요하게 생각하는 모습에 실망스럽다. 그래도 꿋꿋이 삶을 살아냈다.

아침에 일어나서 아무것도 하고 싶지 않아 도망가고 싶은 마음이 들었다. 하지만 나 아니면 모든 게 멈출 것 같은 이 집에서 가족과 행복한 미래를 위해 꼭 참고 견딘다. 그렇게 나름 열심히 살면서 소소한 행복에도 감사하며 살고 있지만 삶은 왜 여전히 괴로운 것일까?

석가모니는 『금강경』에서 말했다.

"모든 현상계는 마치 꿈과 같고, 환영과 같으며, 물거품과 그림자와 같고, 이슬과 같으며 번개와도 같으니, 이와 같이 봐야 한다."

불교의 핵심 주제는 '괴로움'이다. 석가모니는 '삶의 괴로움은 허상'이라고 말했다. 그것이 석가모니 깨달음의 핵심이다. 그것은 어떤 의미인 것일까?

나에게 좋은 일이 일어났다. 그렇다면 좋은 일이 나에게 끝까지 좋은 일로 남게 되는가? 그렇지 않다. 좋았던 일이 오히려 괴로운 일이 되기도 한다. 회사에서 능력을 인정받아 팀장으로 승진했다. 연봉도 오르고 큰 조직에 리더로 팀을 이끌게 되었다. 분명 나에게 좋은 일이었다. 하지만 1년, 2년 팀장을 지내오면서 과거보다 스트레스가 더 많아졌고 결국 건강이 안 좋아졌다. 좋았던 일이 안 좋은 일로 바뀌게 되는 순간이다. 시간이 지나면서 나에게 좋았던 일의 원인이 결국 나쁜 결과가 되었다.

반대로 불행하다고 생각했던 일이 좋은 결과가 되기도 한다. 자녀가 원하던 명문 고등학교에 진학하지 못하고 집에서 좀 더 가까운 고등학교를 진학하게 되었다. 한 번뿐인 고등학교 진학에 우리 아이는 왜 이렇게 운이 없는지 속상했다. 그런데 집에서 가까운 고등학교는 명문 고등학교보다 상대적으로 경쟁이 덜해서 좋은 내신 성적을 받을 수 있었다. 그리고 중학교 때 친하게 지냈던 친구들과 함께 진학하게 되어서 행복하게 학교생활을 하고 졸업할 수 있게 되었다. 이렇게 내가 원하지 않는 방향으로 흘러가서 속상했던 일들이 나중에 좋은 일이 되기도 한다.

그러면 일이 일어나는 순간에 나에게 좋지 않다는 판단이 생긴다면 나는 무조건 그 순간을 괴로워해야 할까? 그 일이 실제로 나에게 어떤 영향을 줄 것인지 알지 못하기 때문에 괴로워하지 않아도 되지만, 내가 원하는 것이 아니었기 때문에 괴로워지는 것이다. 나의 기대나 뜻대로 되지 않을 때 괴로운 감정이 일어난다. 다시 말해서 괴로운 감정에는 욕망이 숨어 있다.

기대감이라는 것은 삶의 조건을 만드는 것과 연관되어 있다. 조건을 걸고 결과가 조건에 충족하면 행복하고, 충족하지 못하면 괴로워진다. 삶을 살아가면서 사회적 환경에 따라 그리고 가치관에 따라 행복의 조건을 만들고, 결과에 따라 감정을 느낀다.

석가모니의 처방전 - 고통도, 괴로움도 다 공(空)함을 깨달아라

조건을 다른 말로 하면 '나의 내면에 있는 욕망과 집착'으로 표현할 수 있다. 나의 행복의 조건이 3년 안에 20억 원 이상의 자산가가 되는 것이라면, 3년 동안 목표를 위해 열심히 경제 공부도 하고 노력할 것이다. 하지만 시간이 갈수록 남들보다 많은 돈을 빠른 시간에 모았지만 20억 원 자산가가 될 수 있는 길이 도저히 보이지 않는다. 3년이 지나서 결국 좌절하고 내가 원하는 조건을 달성하지 못해서 괴로워한다.

삶에서 '조건'이 늘어날수록 삶의 괴로움거리는 늘어난다. 행복하기 위한 조건은 누가 만드는 것일까? 바로 나 자신이다. 내 삶이 더 괴로워질 수밖에 없도록 내가 만드는 것이다. 부자가 되지 못해서, 원하는 목표를 이루지 못해서 괴로운 것이 아니다. 괴로운 감정의 핵심은 내가 삶에 다양한 조건을 덕지덕지 걸고, 조건을 달성하지 못하면 나는 불행하다고 스스로가 상황을 만드는 것이다. 자신의 욕망과 집착으로 설정해놓은 삶의 조건들이 나를 더 불행하게 만들고 고통스럽게 한다. 도를 닦는 사람도 도를 닦는 행위 자체에 집착하고 욕망한다면 이는 다 허상이 될 것이다.

나를 괴롭게 하는 조건이 사실은 아무것도 아니라는 것을 깨달아야 한다. 내가 원하는 욕망과 집착하는 대상은 끊임없이 변하고 또한 상대적이다.

석가모니는 『법구경』에서 말했다.

"욕망과 집착에 매인 자는 고통을 벗어나기 어렵다. 욕망의 줄에 묶인 자는 많은 고통을 겪는다."

모든 것은
끊임없이 변화한다

석가모니는 왜 '모든 것은 변화한다'고 하는 것일까? 이 질문에 대한 답을 찾으려면 '오온'에 대해 먼저 알 필요가 있다.

석가모니는 『반야심경』에서 말했다.

"오온이 다 공하다."

『반야심경』의 이 문구는 나를 비롯한 모든 세상이 고정된 실체가 없으며, 계속해서 변할 수밖에 없다고 말한다. 오온은 나와 같은 인간이 이 세상을 인식하는 다섯 가지 구성 요소를 의미한다. 색(物質, 물질), 수(感受, 감각), 상(想像, 지각), 행(行動, 의지), 식(識別, 의식)이 오온이다. 이 다섯 가지가 모여 인간이 어떤 대상을 인지하게 된다.

불교에서는 이 다섯 가지가 모두 공(空)하다고 말한다. 여기서 '공'은 단순히 '비어 있다'는 것이 아니라 어떤 물질이나 현상이 고정된 실체가 없다는 것을 의미한다.

예를 들어 내가 제육볶음을 먹었을 때의 맛을 생각해보자. 먼저 '색', 즉 제육볶음을 구성하는 재료들을 인지하고, 그 다음에 '수', 즉 '맛있다'는 느낌이 생긴다. 이 느낌은 '상', 즉 과거의 경험과 결합되어 '이건 제육볶음의 맛이다'라고 생각하게 된다. 그다음에는 맛있는 제육볶음이 우리를 행동하게 만든다. 바로 이것이 '행'인데, 제육볶음이 먹고 싶어서 식당에 간다거나 집에서 요리를 하는 것을 말한다. 마지막으로 '식'은 이 모든 과정에서 '이건 제육볶음의 맛'이라는 인식을 확정하게 된다.

그렇다면 '오온이 다 공하다'는 것은 무엇을 의미하는 걸까? 간단히 말해, 이 모든 과정은 우리 마음속에서 일어나는 일일 뿐 그 자체의 실체가 있는 것은 아니라는 뜻이다. 제육볶음의 맛이라는 것은 객관적으로 존재하는 것이 아니라, 우리의 인식과 반응을 통해 만들어지는 것이다. 내가 '제육볶음의 맛'이라고 부르지 않는다면, 그 맛은 돼지고기, 고춧가루, 설탕, 간장 등이 섞여 있는 물질일 뿐이다. 하지만 내가 '제육볶음'이라고 인식하는 순간, 그 음식의 맛이 떠오르고 제육볶음의 맛이 나타난다.

이와 같은 논리를 적용해보면 나의 모든 감각과 경험은 고정된 실체가 없으며, 오직 나의 인식과 반응에 의해 존재하는 것임을 알 수 있다. 예를 들어 어떤 사람은 이구아나를 귀엽다고 느끼지만 다른 사람은 징그럽다고 느낄 수 있다. 이때 귀엽다고 느끼는 사람과 징그럽다고 느끼는 사람이 경험하는 이구아나는 전혀 다른 존재가 된다. 이는 곧 이구아나라는 존재가 우리의 인식에 의해 다르게 규정되며 실체적이지 않다는 것을 의미한다.

또 다른 예로 인터넷 댓글을 생각해보자. 같은 글을 읽고도 어떤 사람은 그 글이 재미있다고 느끼고, 다른 사람은 불쾌하다고 느낄 수 있다. 같은 콘텐츠가 사람마다 전혀 다른 반응을 불러일으키는 것이다. 이는 콘텐츠 자체가 고정된 실체를 가진 것이 아니라 각자의 인식과 경험에 따라 다르게 받아들여지기 때문이다.

2020년대인 지금 내가 겪고 있는 고통들도 '오온이 다 공하다'와 같이 고정된 실체가 없다고 설명할 수 있다. 먼저 경제적 고통은 돈이 부족하거나 채무가 많아서 생계가 어려운 상황과 연결된다.

여기서 '색'은 돈, 재산, 대출과 같은 경제적 자원이나 상황을 의미한다. 내가 갖고 있는 자산이나 부채를 기반으로 해 나의 경제적 상황을 인식하게 된다. 경제적 어려움을 겪는다는 것은 부정적인 감정을 느끼게 된다. 스트레스, 불안, 좌절 공포 등이 '수'에 해당한다. 내가 통장잔고를 확인할 때의 불안감, 대출금을 갚아야 한다는 막막함 등이 다 여기에 포함된다. '상'은 내가 이 상황을 어떻게 해석하고 받아들이는가와 관련이 있다. 같은 경제적 어려움에 처하더라도 어떤 사람은 이를 일시적인 문제로 보고 노력하면 극복할 수 있다고 생각하는 반면, 다른 사람은 상황을 비관적으로 받아들이고 이 어려움이 자신의 인생 전체를 망칠 것이라고 생각할 수 있다.

다음으로 '행'은 경제적 고통에 대해 우리가 다양한 행동을 한다는 것을 말한다. 더 열심히 일하거나 새로운 일자리를 찾거나 절약하는 습관을 들이는 등의 행동을 할 수 있다. 좌절해 포기하거나 비관적인 생각에 빠져 아무런 행동도 하지 않을 수도 있다. 이러한 반응은 '행'에 해당하며, 우리가 경제적 상황에서 취하는 다양한 행동을 포함한다. 마지막으로 '식'은 경제적 고통에 대한 나의 인식이다. 경제적 상황을 '나의 문제'로 인식하고, 이것이 나 자신과 깊이 연결되었다고 생각할 때 나는 그 고통을 더욱 강하게 느낄 것이다.

'오온은 다 공하다'라는 개념은 이러한 경제적 고통이 고정된 실체가 없는 공한 상황이라는 것을 의미한다. 경제적 고통은 분명히 현실적으로 존재하는 문제지만 그것이 절대적으로 진리에 가까운 사실을 말하는 것은 아니다. 경제적 상황, 그로 인한 감정, 생각, 행동, 인식은 모두 변할 수 있는 것이며, 고정된 것이 아니기 때문이다. 시간이 지나고 노력에 따라 경제적 상황은 변할 수 있으며, 나의 감정, 생각, 행동, 인식 등은 언제든지 달라질 수 있다.

이러한 관점에서 보면 경제적 고통은 '나의 고정된 문제'가 아니라 일시적이고 변화 가능한 요소로 이루어진 하나의 현상일 뿐이다. 어쩌면 경제적 상황이라는 것은 그냥 숫자들의 나열에 불과할지도 모른다.

『반야심경』은 경제적 어려움을 겪을 때 그 고통으로 인생의 모든 것들이 실패함을 의미하는 것이 아님을 깨달아야 한다고 알려준다. 그렇게 경제적 고통을 바라볼 수 있다면, 우리는 그 고통에서 벗어나 나은 방향으로 나아갈 수 있는 마음의 여유를 가질 수도 있을 것이다.

삶에는 정답이 없다. 그러나 우리는 매 순간 정답을 찾으려고 한다. 모든 것은 내 마음이 만드는 생각에 불과하다. 내가 '나뭇가지'를 '지팡이'라고 하면 '지팡이'가 되고, '장작'으로 생각하면 '장작'이 되는 것과 같이 나뭇가지는 그 무엇이든 될 수 있다. 여기서 주의해야 할 것은 정해진 것이 없다고 모든 것이 무의미하고 아무 가치가 없다는 의미는 아니라는 것이다. 오히려 그 반대다. 모든 것은 내 마음이 만드는 생각이기 때문에 나 자신은 무엇이든 될 수 있다.

고요함과 평온한 인생은 깨달음으로부터 온다

석가모니는 『법구경』에서 말했다.

"자족은 최고의 재산이요, 믿음은 최선의 친구며, 열반은 최고의 행복이다."

눈을 다쳐서 안대를 하게 되면 눈만 보여도 행복할 것 같다는 생각을 하고, 다리를 다쳐서 목발을 짚게 되면 두 다리로 걷기만 해도 행복할 것 같다. 체해서 밥을 먹지 못하면 소화가 잘되었을 때가 가장 행복했다는 생각을 하게 된다.

행복은 이미 내 안에 있다. 하지만 나는 내 안에 행복을 보지 못하고 항상 다른 곳을 바라보며 조건을 만들면서 '지금 내 현실은 불행하다'고 생각한다. 엄격하게 말하면 내가 노력한다고 해서 괴로움이 없어지는 것은 아니다. 노력해서 행복을 쟁취하는 것이 아니라 나는 이미 행복한 상태인데 조건을 만든 세상에서 악몽을 꾸고 있는 것이다.

나는 무엇이든 될 수 있고 내가 만든 조건에서 더 자유로워지려면 악몽에서 깨어나면 된다. 내가 노력한다고 석가모니가 되는 것이 아니라 내가 원래 석가모니인데 지금 중생의 꿈을 꾸고 있는 것으로 표현할 수 있다. 우리는 무엇이든 될 수 있는 자유로운 존재지만 인생의 복잡한 조건을 만들어서 조건을 만족해야 더 좋은 삶이 될 수 있다고 집착하는 것이다.

내가 만든 삶의 조건의 실체는 사실 아무것도 아니다. 나는 본래 고요하고 평온한 상태인데 스스로가 평온함을 깨버린 것이다. 이를 진심으로 깨달으면 '열반'이라고 표현한다. 즉 괴로움이 없는 상태인 해탈의 경지에 이르게 되는 것이다.

석가모니는 깨달음을 얻은 뒤에 다 떨어진 옷 입고, 맨발로 남의 집에서 밥을 얻어먹고, 나무 밑에서 잠을 자는 삶을 살았지만 괴로워하지 않았다. 오히려 궁궐을 소유하고, 좋은 마차를 타고, 온갖 보석을 가지고, 많은 후궁을 거느렸던 왕들이 석가모니를 찾아가서 삶의 괴로움을 토로하며 설법을 듣고 돌아갔다. 결국 왕들은 모두 석가모니의 제자가 되었다.

불교에서는 삶이 무슨 이유로 괴로운지를 고민하는 사람에게 '삶은 본래 괴로울 일이 없다'는 것을 이야기했다. 바로 이

석가모니의 처방전 - 고통도, 괴로움도 다 공(空)함을 깨달아라

것이 석가모니 깨달음의 핵심이다. 그렇다면 어떻게 해야 우리가 깨달음을 얻었다고 할 수 있을까? 단순하게 '인생에 괴로운 일은 없구나'라는 사실을 알게 되면 괴로움에서 벗어날 수 있는 것일까?

내 안의 깨달음은 다음과 같은 네 가지 단계를 통해 얻을 수 있다. 1단계는 '신뢰'가 있어야 한다. 석가모니가 말하는 깨달음의 원리가 진짜라는 것에 대한 믿음이 있어야 한다.

2단계는 '이해'로, 모르는 것을 지식적으로 아는 단계다. 나의 모든 괴로움은 내가 만들어냈다는 것을 스스로 이해하는 것이다. 지식적으로 이해하는 단계에서 주의해야 할 것은 '내가 이해한 이론에 집착하면 안 된다'는 것이다. 석가모니에 대한 원리와 이론을 공부하는 것이 깨달음을 얻기 위한 필수 과정이지만, 지식적으로만 이해하는 것을 경계해야 한다. 내가 잘 알고 있다는 생각에 교만에 빠지고, 다른 사람은 아무것도 모르기 때문에 괴로워한다고 평가하고 그 괴로움을 비난하며 나는 이미 깨달았다고 착각할 수 있다. 그래서 내가 이론과 원리에만 빠져 있는 것이 아닌지 스스로 점검해보고 다음 단계인 '직접 실천'으로 넘어가야 한다.

3단계는 '실행'이다. 내가 이해한 깨달음을 삶에 적용하는 것이다. 처음부터 완벽할 수는 없지만 나의 실천으로 괴로움이 조금씩 줄어드는 경험을 해봐야 한다. 실행이라는 것은 무엇을 배우든지 반드시 필요한 과정이다. 투자를 하거나 사업을 하거나 자녀를 양육하는 등 삶의 모든 분야에서도 마찬가지다. 아무리 이론적으로 양육법에 정통해도, 육아를 한번 경험해보는 것이 더 큰 배움을 얻는다. 자식을 키운다는 것이 얼마나 어려운 일인지는 경험을 통해서 정확하게 알 수 있다. 실행은 꾸준하게 자주 해야 한다. 삶에서 괴로움을 주는 상황들은 생각보다 자주 찾아온다. 그때마다 괴로움을 없애는 원리를 떠올리면서 실행하며 살아간다.

깨달음을 실행하고 인생에 쌓이게 되면 도달하는 단계가 바로 4단계인 '깨달음'이다. 지금 짜증이라는 감정이 생겼다면 괴로워하지 않고, 내가 이런 기대감이 있었는데 그것이 좌절되면서 나타나는 감정이라는 것을 이성적으로 깨닫게 된다. 내가 지금 돈에 지나치게 집착하다 보니 나보다 더 돈이 많은 사람들을 질투하게 되고, 그 마음이 불편해서 정작 나는 아무것도 하지 못하고 있다. 이렇게 내가 무슨 생각을 하고, 어떤 감정을 갖고 있는지를 알아차리기 시작한다. 그리고 결국 이런 생각이 스스로가 만들어낸 허상이라는 것을 진심으로 깨닫게 된다. 이런 깨달음을 '알아차림'이라고 한다.

석가모니의 처방전 - 고통도, 괴로움도 다 공(空)함을 깨달아라

깨닫게 되면 삶의 변화가 저절로 찾아온다. 삶의 전체가 뒤바뀌는 변화가 즉각적으로 오지 않더라도, 조금씩 삶을 바라보는 관점이 달라짐을 느낄 것이다. 전에는 부정적인 생각이 며칠 동안 이어졌는데 이제는 몇 시간 정도만 지나면 사라지게 된다. 나는 본래 평온한 존재였다는 것을 느끼면 하루 종일 불안으로 가득했던 내가 하루에 많은 시간 동안 평온함을 느끼게 된다. 이렇게 깨달음을 얻는다. 그렇게 하루가 더 고요함과 평온함으로 채워진다.

깨달음의 증거는 '삶의 변화'다. 아무리 지식과 믿음이 가득해도 내 삶에 변화가 없다면 그것은 깨닫지 못한 것이다. 물론 나의 무의식 전체를 흔들 만큼 깨달음을 얻는가, 아니면 더 높은 의식 정도로 깨달음을 얻는가에 따라서 내 삶에 미치는 변화의 크기는 달라질 수 있다.

내 삶에 용서, 사랑, 자유, 평온, 고요함 등의 변화가 찾아오게 된다. 그것이 바로 깨달음이다. 어떤 생각에 계속 집착을 하니까 집착이 생기고, 이런 헛된 기대감들을 가지니까 내 삶이 힘들었다는 알아차림을 삶에서 계속 발견하게 된다. 그리고 그런 생각들이 변화무쌍하다는 사실을 그저 가만히 관찰하고 받아들이면 삶은 진정으로 변하게 된다.

중요한 것은 하루하루를 채워나가는 실천이다. 명상을 하거나 삶에 순간순간을 알아차리는 행위로 채워나가는 것이다. 그렇게 조금씩 삶에 켜켜이 쌓이다 보면, 깨달음으로 이어지고, 어느새 우리 삶의 변화가 일어날 것이다. 오늘 하루도 알아차리는 순간으로 가득한 하루가 되기를!

"욕망과 집착에 매인 자는 고통을 벗어나기 어렵다.
욕망의 줄에 묶인 자는 많은 고통을 겪는다."

Carl
Jung

칼 융의
처방전

6부

- 잃어버린 나의 진짜 모습을 찾아라

　칼 융은 『현대인의 영혼 탐구』에서 말했다.

　"우리는 삶의 아침의 계획에 따라 삶의 오후를 살 수 없다. 아침에 위대했던 것은 저녁에는 사소해질 것이며, 아침에 진리였던 것이 저녁에는 거짓이 될 것이다."

　산다는 게 쓸쓸하다. 뭔가 잃어버린 것 같은데 뭘 잃어버렸는지는 모르겠다. 그러나 이런 막막함도 잠시, 내가 지켜야 하는 가족과 회사에서 성실한 삶을 살아간다.

　중년의 나이가 깊어질 때쯤이면 상실감이나 허무함 같은 감정이 느닷없이 찾아온다. 삶의 의무감으로 성실하게 살아온 결과로 그 안에서 안정감과 행복감을 느끼는데, 인생의 무력감도 동반된다. 목표를 달성하면 인생의 갈증이 해소될 것만 같았다. 하지만 회사에서 인정을 받았을 때도, 내 집 마련의 꿈을 이루었을 때도 순간적인 기쁨을 느꼈을 뿐 공허한 마음은 다시 내 마음속에 자리 잡았다.

이런 공허함은 나에게만 찾아오는 일이 아니라 중년의 80퍼센트가 우울증을 경험할 만큼 누구에게나 일어날 수 있는 현상이다. 이것을 중년의 위기, 실존적 공허함 등 다양하게 표현한다.

만약 중년의 고통을 겪고 있다면 이 문제를 해결하기 위한 전문가가 필요하다. 세계 3대 심리학자라고 불리며, 중년에 대한 높은 전문성을 갖고 있는 융의 분석심리학을 토대로 삶의 무의미함과 공허함을 어떻게 해결할 것인가에 대해서 이야기해보자.

융은 중년기에 대한 구체적인 개념을 최초로 발전시킨 학자로 40세 전후반을 중년기로 보았다. 그의 환자 중 3분의 2가 중년이었을 정도로 중년기를 대상으로 많은 상담을 진행했다. 실제로 융의 많은 환자들은 사회적인 성공을 이루었음에도 불구하고 무력감과 허탈감을 호소했다.

칼 융의 해결책과
페르소나

중년기의 무력감에 대한 융의 해결책을 한 문장으로 요약하면 이렇다. "당신의 의식과 무의식은 서로 원활히 소통하며 전체를 이루어야 심리적으로 건강하고 성숙해진다."

융은 인간에게는 의식과 무의식이 존재한다고 생각했다. 의식과 무의식 속에는 다양한 그룹이 있는데, 의식과 무의식에 있는 수많은 존재들의 소통이 원활하지 않고 간혹 일부 존재가 너무 커지면 정신적으로 문제가 생길 수 있다는 것이 융의 주장이다.

이러한 주장은 우리들의 일상생활에서도 확인할 수 있다. 직장에서의 내 모습은 일상의 모습과 다른 것처럼 사회에서 활동할 때는 상황에 따라 가면을 쓰기도 한다. 내 안에 자유로운 영혼은 사회생활을 할 때는 드러내지 않는다. 사회에서 요구하는 규칙이나 예절, 말투나 성격 등에 나를 맞추기 때문이다.

융은 『원형과 집단 무의식』에서 페르소나에 대해 이렇게 말했다.

"페르소나는 실제로 자신이 아닌 것, 그러나 자신과 다른 사람들이 자신이 그러하다고 생각하는 것이다."

사회가 요구하는 조건이 나의 성향과 전혀 다르더라도 조직에서 원활하게 지내야 하고 경제적인 보상도 받아야 하기 때문에 무의식적으로 따르게 된다. 외부에 보이는 나의 모습을 '페르소나'라고 부른다. 페르소나 덕분에 나는 사회에서 굉장히 쓸모 있고, 책임감도 강한 사람이 될 수 있다. 조직이나 사회의 요구에 최적화되어 있기 때문이다. 페르소나 덕분에 돈도 벌 수 있고, 사람들과 상호작용하면서 살아간다.

하지만 외부에 보이는 모습에만 지나치게 관심을 보이고 무의식 속에 있는 진짜 내 모습을 억압하게 되면 문제가 생긴다. 성실한 직원, 좋은 부모, 다정한 친구로서의 나의 외적인 모습에만 치중하고 집착할수록 40년 이상 억압되었던 무의식과 외부에 보이는 나의 모습 사이에 간격이 심하게 벌어지게 된다.

외부에 비치는 내 모습도 소중하지만, 외적인 모습이 나의 전부는 아니다. 따라서 페르소나는 사회구성원으로 살아가기에 훌륭한 수단이지만 인생의 목표가 되어서는 안 된다. 사회의 요구에 맞추기 위해서 내면의 무의식을 억누른다면 진짜 내 모습을 찾기 어려워진다.

무의식 속에 숨겨진 나의 진짜 모습들이 억눌려 내가 찾지 못할 정도로 작아진다면 어떻게 될까? 결국 나의 내면에서 올라오는 욕망들이 무시되기 때문에 사회에서 요구하는 것만 수행하는 껍데기만 남게 될 것이다.

예를 들어 나를 하나의 국가라고 생각해보자. 국가를 구성하는 국민들은 다양하게 분류할 수 있다. 나이를 기준으로 나눌 수도 있고, 직업 유형으로도 구분할 수 있다. 그런데 국가에서 20대에게만 복지정책을 몰아주고 30대 이상의 세대는 소외시킨다면 혜택을 받지 못한 그룹은 반발할 것이다. 우리의 무의식도 마찬가지다. 무의식이 보내는 신호를 무시하고, 억누르려고 할수록 반발하게 된다. 이런 반발들은 부정적인 방식으로 표출된다.

중년을 맞아 삶의 무기력함, 무의미함, 우울함 같은 감정들을 느낀다면 억눌린 무의식 속의 내가 보내는 신호일 수도 있다. 평범한 일상 속에서 부정적인 감정이 느껴진다면 내면에 숨겨진 나의 진짜 모습들을 하나씩 찾고 소통을 시작해야 할 때가 온 것이다.

융은 "40대 이전까지는 외부와 적극적으로 소통하며 페르소나가 형성되는 시기였다면, 40대 이후부터는 내면의 나를 만나야 하는 시기다"라고 말했다. 나의 진짜 모습은 무의식 속에 있는데, 이를 억압하고 무시하면 결국 사회에서 요구하는 의식 속의 내 모습만 남게 된다.

진짜 나를 찾아
떠나는 여정

그렇다면 무엇을 해야 할까? 먼저 페르소나가 나의 전부가 아님을 깨달아야 한다. 주어진 일을 묵묵하게 해내느라 내면의 목소리에 귀를 기울이지 못했던 나의 모습도 소중하다. 하지만 그것이 전부가 아니라는 것을 깊이 깨닫고, 지금은 무의식 속에 숨겨진 나를 찾는 여정을 떠나야 할 때라고 스스로에게 알려줘야 한다.

지금까지는 직장이나 가정에서 체면, 외모, 역할, 본분, 도리, 의무 등으로 뒤범벅이 된 내 모습에 충실하게 살면서 '남에게 보이는 나'를 크게 생각해왔다. 하지만 정작 스스로에게는 관심을 주지 못했다. 이제는 내면에 숨겨진 진정한 나에 대한 깊은 성찰이 필요하다.

사회 속에 드러난 내가 나의 전부가 아니라는 것을 알아차렸다면, 그 다음으로는 내면의 나의 모습들과 대면해야 한다. 내면에서 가장 중요한 나의 모습은 '그림자'라는 존재다. 그림자는 무의식 속에 있다. 그림자는 과거의 괴로운 생각과 경험, 해결하지 못한 문제, 개인적인 갈등, 나만 알고 있는 도덕적 문제, 내가 별로라고 생각하는 나의 모습들이 살아왔던 시간 동안 축적되어서 무의식 속에 저장된 것이다.

그림자는 무의식 속에 숨겨진 또 다른 나의 모습이다. 그만큼 알아차리기 어렵고, 생각하고 싶지 않은 나의 모습이다. 그림자는 내가 피하고 싶어서 무의식의 저편으로 억지로 지우고 버린 기억들이기 때문에 나의 모습이라고 받아들이기가 매우 어렵다. 하지만 내면의 무수한 문제들을 성숙하게 해결하기 위해서 그림자는 반드시 수용해야 한다. 그림자와 함께해야 비로소 성숙한 삶을 살아갈 수 있다.

그림자는 마치 동물의 야생 본능과도 같다. 사회와 가정에서 억눌렸던 모습들로 가득한 그림자를 나의 일부로 받아들여야만 한다.

부정적으로 느껴지는 그림자를 나로 받아들여야 하는 이유가 뭘까? 융은 『심리학과 연금술』에서 이렇게 말했다.

"사람은 빛의 형상을 상상하는 것으로 깨달음을 얻지 않는다. 오히려 어둠을 의식함으로써 깨달음을 얻는다."

내가 성숙한 사람으로 성장하려면 반드시 그림자를 포용하는 과정이 필요하다. 예를 들어 자신의 능력에 대한 깊은 열등감을 가지고 스스로를 과소평가하는 사람이 있는데, 자신의 열등감과 자기비하의 감정을 인식하고 받아들일 수만 있다면 이

칼 융의 처방전 - 잃어버린 나의 진짜 모습을 찾아라

러한 감정이 그의 일부라는 것을 이해하게 될 것이다.

부정적인 면을 인식할 수 있다는 것은 현실을 좀 더 객관적이고 비판적으로 바라볼 수 있다는 것을 의미한다. 그리고 자기비하는 스스로를 겸손하게 하고, 자기 자신에 대한 솔직한 평가를 내릴 수 있게 만들기도 한다. 열등감을 자연스러운 모습의 일부분으로 받아들이면 더 건강한 자아상을 형성할 수 있다. 그림자를 생각하면 유쾌하지는 않지만 나쁘기만 한 것은 아니다. 오히려 중요한 상황에서 에너지의 원천이 되기도 한다.

하지만 여전히 그림자는 생각하기 싫고, 부정적인 감정을 자극한다. 한 가지 예로 내가 어떤 사람을 유난히 싫어하고 혐오한다면 그 모습이 나의 그림자일 가능성이 높다. 규칙을 잘 지키고 책임감이 강한 사람일 경우 책임을 회피하거나 규칙을 무시하고 자기 멋대로 살아가는 사람들을 볼 때 화가 나거나 분노가 치민다면 무책임함이나 책임 회피가 나의 그림자일 것이다.

그렇다면 도대체 어떻게 해야 하는 것일까? 우선 나의 그림자가 무엇인지를 파악해야 한다.

현대 심리학이 추천하는 방법으로 '감정 일기'를 쓰는 것이 있다. 하루 동안 나에게 일어난 일에 대한, 특히 부정적인 감정으로 대응한 지점에 대해서 일기를 쓰는 것이다. 나에게 일어난 부정적인 감정들은 내가 외면하고 싶어 하기 때문에 금방 잊어버리고 잘 생각나지 않는다. 하지만 이것을 객관적으로 바라볼 수 있는 '글'이라는 도구를 사용한다면 무의식 속에 감추어져 있었던 나의 그림자의 실체를 볼 수 있게 된다.

명상 등을 통해서도 내면에서 스쳐지나간 생각이나 감정들을 알아낼 수 있다. 짜증이 나거나 분노하는 상황이 벌어졌을 때, 그때 느꼈던 생각은 무엇이었고 어떤 감정이 작동했는지 등을 조용한 곳에서 한번 내면을 차분히 관찰해보는 것이다. 그렇게 하나씩 나의 그림자로서의 모습들을 찾아본다.

물론 일생 동안 모든 그림자를 다 파악하고, 자기 자신으로 통합한다는 것은 불가능하다. 중요한 것은 결과가 아니라 과정과 방향이다. 나의 그림자처럼 생각되는 모습들이 보였을 때 자책하지 않고, '저건 내가 아니야'라고 부정하지 않으며, 이것도 나의 소중한 모습이라고 인정하고 받아들이는 태도가 중요하다. '나는 완벽하지 않아' '당황스럽긴 하지만 이것도 나의 소중한 모습이야'라는 생각을 하면서 자기 자신으로 받아들여야 한다. 이와 관련해 현대 심리학에서 제안하는 대표적인 방법 중 하나로 ACT(수용전념치료)라는 방법론이 있다.

ACT는 내 마음속의 불편한 감정을 억누르지 않고 받아들

칼 융의 처방전 - 잃어버린 나의 진짜 모습을 찾아라

이면서, 내가 중요하다고 생각하는 것을 향해 한 걸음씩 나아가도록 하는 방법이다. 감정이나 불완전한 나의 모습들을 피하지 않으면서, 나에게 중요한 것에 집중하며 더 의미 있는 삶을 살아가도록 도와준다. ACT는 다음과 같은 5단계로 진행된다.

1단계는 수용(acceptance)이다. 이 단계를 통해 내면에서 일어나는 불편한 감정이나 내가 싫어하는 나의 모습들을 받아들여본다. 나 자신은 때때로 불안, 슬픔, 분노 같은 불편한 감정을 느끼며, 실수를 저지르고는 한다. ACT에서는 이런 감정이나 부정적인 기억들을 억누르거나 없애려고 애쓰지 않고, '그래, 지금 이런 감정이 있구나' '그렇구나, 내가 실수를 했다. 내가 이러이러한 잘못을 했구나' 하고 받아들이는 것을 연습한다. 감정이나 부정적인 나의 모습들은 그냥 우리가 겪는 경험일 뿐이며, 우리 자신이 아니다.

2단계는 생각과 거리두기(cognitive defusion)다. 이 단계에서는 생각을 있는 그대로 보려고 한다. '나는 실패자야' 같은 부정적인 생각이 들 때 그 생각을 진지하게 받아들이지 않고, '아, 지금 내 머릿속에 이런 생각이 떠오르고 있구나'라고 한 발짝 떨어져서 관찰해본다. 생각은 단지 머릿속에서 일어나는 일일 뿐 반드시 사실은 아니기 때문이다.

3단계는 현재에 집중하기(mindfulness)다. 명상 같은 방법을 통해서 지금 이 순간에 머물러본다. 과거의 후회나 미래에 대한 걱정에 휩싸이지 않고, 지금 이 순간에 집중하는 연습을 해보는 것이다. 예를 들어 걷는 순간 발밑의 감각에 집중하거나 숨을 들이쉬고 내쉬는 감각을 느끼는 것이다.

4단계로 가치 알아보기(values clarification)를 통해서 나에게 중요한 것을 찾아본다. 나에게 소중하고 중요한 것은 무엇인지 생각해보고 이 가치들을 기준으로 어떻게 살아가고 싶은지를 결정하는 것이다.

5단계는 행동하기(committed action)다. 앞의 네 단계에서 세운 가치 기준에 따라 행동으로 옮겨보는 것이다. 행동은 작고 사소해도 괜찮다. 불편한 감정이 생기더라도 우리가 중요하게 생각하는 가치를 따라 행동하면 된다. 불안한 감정이 들더라도 누군가를 설득해보는 작업을 해보거나 평소에 해보지 못한 결단을 내리면서 실천하는 것이다.

이렇게 다섯 단계를 거쳐서 그림자를 받아들인다. 그림자를 받아들였다면 이제 나의 무의식 속의 다른 나를 하나씩 찾아서 나로 받아들이면 된다.

융은 『기억, 꿈, 사상』에서 말했다.
"우리가 알아차릴 수 있는 한, 인간 존재의 유일한 목적은 단지 존재의 어둠 속에 빛을 밝히는 것이다."

생각보다 나의 무의식 속에는 무수히 많은 내가 숨어 있다. 의식 속의 내 모습과는 반대되는 색다른 나의 모습들이다. 규칙을 수호하는 사람에게는 자유로운 나의 모습을, 남성적이거나 여성적인 모습과는 반대되는 성향의 모습 등을 하나씩 발견해가면서 나를 받아들인다.

다른 성향이라는 것은 내가 다양한 관점으로 세상을 볼 수 있는 능력을 갖고 있음을 의미한다. 성숙이라는 것은 다양한 자아가 혼재되어 있는 나라는 사람을 잘 통합하고 관리해서, 더 유연하고 폭넓은 시야를 얻게 되는 내가 됨을 의미하기도 한다.

융은 "나의 전체를 사랑하지 않고는 인생의 성장 관문을 통과하기 어렵다"라고 말했다. 나의 무의식 속에서 발견되는 분리된 나의 일부분들을 하나씩 받아들여야 한다. 바깥세상의 요구보다는 내면의 내 모습들을 발견해야 하는 시기가 바로 40세 이후다.

더 성장할 것이라고 말하는 내면의 소리에 귀를 기울이고, 진짜 나를 찾기 위한 여정을 떠나야 한다. 그렇게 진정한 나를 향해 가는 과정에 이르면 어느덧 성숙한 내 모습을 만나게 될 것이다.

내 안의 새로운 모습을 발견하고 나로서 받아들이는 순간, 내가 사는 인생은 나다운 인생이 된다. 그러면 매일 하루는 정말 나만의 고유한 경험들로 가득 차고, 나라는 고유한 사람의 인생을 사는 것이다.

"인간 존재의 유일한 목적은
단지 존재의 어둠 속에 빛을 밝히는 것이다."

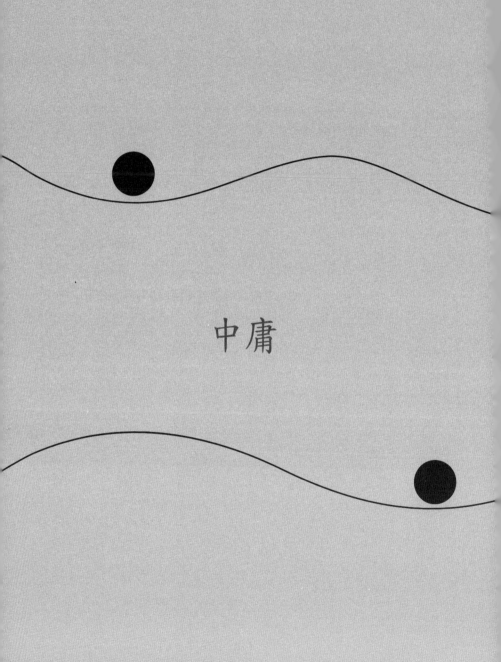

中庸

『중용』의
처방전

- 적당하고 적절한 중간의 균형을 찾아라

7부

　인생은 어렵고 불확실하다. 인생 중반을 넘어서고 경험이 쌓이며 '아, 이렇게 살면 되겠다'라는 생각이 들다가도 어느새 '무엇을 어떻게 해야 할지 잘 모르겠다'는 생각이 들기도 한다. 예상하지 못한 상황들이 지속적으로 발생하면 나는 그 상황을 잘 판단하고 행동해야 한다. 하지만 어떻게 결정을 해야 하고, 무엇을 해야 할지, 어떤 생각을 해야 할지 잘 생각이 나지 않을 때가 있다.

　이럴 때 『중용』이라는 책은 우리의 삶에서 잘 판단하고 행동하기 위한 귀중한 통찰을 제공한다. 『중용』은 유교의 핵심 경전 일곱 가지 중 제일 마지막에 읽어야 할 책에 해당한다. 과

『중용』의 처방전 - 적당하고 적절한 중간의 균형을 찾아라

거시험의 주요 주제였고, "조선의 역사는 바로 중용의 영향 아래에 놓여 있다"라고까지 일컬을 정도로 중요한 책이다. 정약용을 비롯해 당대 최고의 학자들이 해석하고 연구한 것이 바로 『중용』이다. 『중용』의 사상은 조선시대 정치와 위대한 학자들의 삶에 적용되기도 했다.

옛날 옛적 수백 년 전의 사상이라고 낮게 평가하는 사람도 있을 것이다. 하지만 현대를 살아가는 사람들에게도 『중용』의 가르침은 삶에 긍정적인 영향을 준다. 서울대 심리학과에서 진행한 연구에 따르면 『중용』의 가르침을 삶에 적용했을 때 불안함과 우울감은 줄어들고, 자존감은 높아지며, 인간관계가 개선되고, 각종 정신적 질환의 발생이 줄어드는 등 삶에 전반적으로 긍정적인 영향을 미친다는 것을 실험을 통해 증명했다.

● '중용'의 개념은 무엇인가?

『중용』의 가르침이 무엇이길래 인생에 긍정적인 영향을 줄 수 있을까? '중용'이라는 개념부터 제대로 이해해보자.

중용을 한마디로 표현하면 '지나치거나 모자람이 없고, 한

126

7부

쪽에 치우치지 않는 것'이다. 음식을 너무 많이 먹으면 성인병이나 비만과 같은 질병이 생길 가능성이 크다. 그렇다고 음식을 너무 적게 먹으면 영양 부족으로 또 다른 질병에 시달릴 수 있다. 따라서 음식은 많지도 적지도 않게 적당히 먹어야 한다. 마찬가지로 인간관계에 너무 집착하면 나 자신에게 소홀해지고, 나의 인생이 없어질 수 있다. 그렇다고 인간관계에 너무 무심하면 관계가 단절되거나 홀로 고립될 수 있다. 그래서 인간관계는 적당한 선을 유지해야 한다. 무리한게 일만 하면 번아웃이 올 수도 있다. 이렇게 다양한 상황에 중용의 이치를 적용할 수 있다. 적당하고 적절한 중간의 균형을 찾는 것, 이게 바로 중용이다.

중간을 찾다가 삶이 더 피폐해질 수 있다고 생각하는 사람들도 있다. 예를 들어 부부가 모든 집안일을 다 반반으로 나누어서 하고, 경제적으로도 "내가 500만 원을 버니까 너도 500만 원을 벌어라"고 주장한다. 왜냐하면 부부 사이에 그게 공평하고 중간의 균형이라고 생각하기 때문이다. 서로의 주장이 대립되는 경우 무조건 중립을 지키고, 열정을 다해야 할 때도 무조건 중심을 지키려 하고, 무엇을 하든 중간만 가는 삶이 괜찮은 삶일까? 중간의 입장이라고 해서 기계적으로 맞추는 것은 중용이 아니다.

『중용』의 처방전 - 적당하고 적절한 중간의 균형을 찾아라

다른 예로 너무 많은 일을 하는 사람과 너무 적은 일을 하는 사람 사이에서, 또는 너무 빨리 일을 하는 사람과 너무 느리게 일을 하는 사람 사이에서 중심을 잡으려 애쓰기도 한다. 이런 경우 '난 중간에 있겠다'는 것은 옳은 태도가 아니다. 적당한 속도로 적당한 일을 하는 것은 중용이 아니다. 중용은 상황에 정확히 맞는, 명쾌하게 설명되는 개념이 아니기 때문이다. 오히려 그때그때 상황에 맞추어 일을 하는 게 중용일 것이다. 일을 많이 해야 할 때는 일을 하고, 쉬엄쉬엄 가야 할 때는 천천히 일을 하는 게 중용이다.

중용이란 살아가는 동안 펼쳐지는 온갖 상황 속에서 자기중심을 잃지 않고 살아가려고 노력하는 것, 그러니까 중간 지점을 찾는 것이 아니라 중용을 잘 지키는 것이 중요하다. 즉 각각의 상황마다 무엇을 어떻게 할지 고민하며 정답 대신 최적의 답을 찾아내는 것이 중요하다. 적절한 시기에 적절한 일을 하는 것이 바로 중용인 것이다. 상황에 맞게 유연하고 적절하게 잘 판단하고, 알맞게 선택하고 판단하고 행동하는 게 바로 중용인 것이다.

언뜻 보면 '중용이 어렵다'는 것이 잘 이해가 되지 않을 수도 있다. 왜냐하면 중용의 뜻은 꽤나 단순하고 쉽게 느껴지기 때문이다. 그렇지만 중용을 안다는 것은 매우 어려운 일이다. 그래서 『중용』에서는 다음과 같이 강조한다.

"도는 중용에 있으며, 중용의 극치를 이루는 것이 선이다. 따라서 군자는 중용을 실천하려 하지만, 그 과정은 결코 쉬운 일이 아니다."

중용을 실천하는 것은 유교에서 도덕적, 인격적으로 우수하게 평가받는 군자에게조차 어려운 과제라고 말한다. 왜 중용이 어렵다고 이야기하는 것일까?

중용을 삶에 적용한다고 생각해보자. 적절하게 하려면 상황에 맞게 판단해야 한다. 항상 복잡한 상황에서, 상황에 대한 올바른 판단을 할 수 있을까? 판단을 하더라도 실천에 잘 옮길 수 있을까?

건강하게 생활하기 위해서 적당한 운동과 적절한 식사를 매번 잘 해낸다는 것은 어렵다. 술과 과식과 야식의 유혹을 이겨내기는 쉽지 않기 때문이다. 또한 친구나 가족 또는 직장 동료와의 갈등 상황에서 자신의 입장을 고수하면서도 상대방의 입장을 이해하고 존중하는 등 적절한 선을 유지하는 것은 쉽지 않은 일이다. 자녀 교육에서도 중용의 원리를 적용하는 것은 어렵다. 자녀의 자율성을 존중하면서도 필요한 규칙과 가르침을 제공해야 한다는 것은 머리로는 알고 있지만 막상 실천하려면 잘 되지 않는다.

일과 개인생활의 균형을 잘 유지하면서 적절하게 시간을 관리하는 것, 무언가를 갖고 싶은 소유의 유혹을 이겨내고 적절한 소비를 하는 것, 인생의 다양한 영역에서 적절하게 선택하고 행동하는 것은 정말 쉽지 않은 일이다. 중용은 오묘하고 묘한 개념이다. 모든 선택에서 최적의 선택을 한다는 것 자체는 당연한 원칙이지만, 구체적인 상황들마다 어떤 것이 최적의 선택인지를 아는 것은 너무나도 어렵다.

결국 중용의 개념을 제대로 이해하려면, 단순한 이해를 넘어서 실생활에서 실천하고 적용해야 비로소 중용을 안다고 말할 수 있다. 이론은 쉽지만 실천과 적용이 어려운 게 바로 중용이다. 그렇다면 중용을 어떻게 내 삶에 적용해야 할까? 이를 잘 하기 위해서는 중용이라는 개념을 구체적으로 들여다볼 필요가 있다.

다시 한번 말하자면 중용의 핵심은 '삶 속에서 역동적인 조화(harmony)와 균형(balance)을 지속적으로 실천하는 태도'다. 중용은 정말 쓸모 있고, 실제로 많은 심리학 연구에서 중용적 태도는 삶의 만족도를 높이는 것으로 검증되었다. 중용은 온갖 불안과 우울에서 벗어나게 해주고, 목표를 이룰 수 있게 도와주며, 대인관계나 사회생활에도 도움이 되는 등 매우 쓸모 있고 효과가 좋은 개념이다.

다행인 것은 현대를 사는 우리의 삶에 중용을 잘 적용하기 위해서 중용을 구체적으로 설명해주는 연구들이 존재한다는 것이다. 이 연구들을 기반으로 일상에서 어떻게 중용을 실천하고 배울 수 있는지 알아보자.

중용은
정반합이다

중용을 잘 적용하고, 현명하게 통치하는 한 명의 황제가 있었다. 그는 소박한 보통 사람처럼 일상의 작은 이야기까지도 듣기를 좋아했으며, 사람들의 추한 면은 덮어주고 좋은 면은 잘 드러내주는 사람이었다. 이 황제가 실천한 중용은 어느 상황에서든지 대상의 양극단을 먼저 고려하고, 이후 통일되고 조화로운 방향을 선택하고 적용했다.

『중용』에서 말했다.

"나쁜 생각들은 쉽게 받아들이거나 퍼뜨리지 않았고, 좋은 생각들은 의도적으로 드러내어 칭찬했다. 문제의 양극단을 충분히 파악하고 그 이점과 단점을 따져 가장 적절한 방법을 선택해 백성들에게 적용했다."

이를 해석하면 정반합(正反合), 즉 변증법적 사고를 말한다. 정(正, thesis)은 어떤 문제나 상황에서 처음으로 떠오르는 생각이고, 반(反, antithesis)은 정에 대한 반대 입장이나 대립되는 생각이며, 합(合, synthesis)은 정과 반의 대립을 해결하고, 양쪽의 장점을 취해 통합해 창조하는 새로운 생각이다.

이해하기 쉽게 자녀교육을 예로 들자면 다음과 같다. 어떤 부모가 '자녀에게 엄격한 규율을 가르쳐야 한다'고 생각하고 규칙과 질서를 중시하는 입장이라면 일단 그것이 정(正)이다. 그런데 다른 부모는 '자녀에게 자유로운 환경을 제공해야 한다'고 생각하고 자녀의 자율성과 창의성을 강조하는 입장이라면 그것은 반(反)이다. 이 두 가지 의견을 통합해보면 '규칙을 정하되, 그 안에서 자녀가 자유롭게 선택할 수 있는 기회를 주자'고 정리할 수 있는데, 이것이 바로 합(合)이다. 이는 규칙의 중요성을 유지하면서도 자녀의 자율성과 창의성을 장려하는 방식이다.

한 가지 생각이나 주장을 세 가지 관점으로 들여다보면서 선택지가 다양해졌다. 중용적 태도를 통해 다양하고 유연하게 사고할 수 있다.

정(正)을 통해서 나의 입장을 고려한 고민을 하고, 반(反)을 통해서 상대방 입장을 생각해보는 방식으로도 정리해볼 수 있다. 중용은 단순히 반대되는 입장 정도로 생각하는 것이 아니라, 상대방의 입장에서 생각해보고, 나의 생각과 비교하며, 나와 타인의 생각을 합쳐보면서 주어진 상황을 다양하게 분석하는 것이다. 그러므로 한쪽에 치우치지 않고 유연하게 판단하고 행동할 수 있다.

유연하게 행동한다는 것은 하나의 역할이나 신념에 경직되지 않고, 상황에 맞춰 적절하고 다양한 역할을 한다는 것을 의미한다. 행동적으로 유연한 사람은 주어진 상황에 알맞은 대처 방법을 알아내고 그것에 집중하며, 다양한 대안 중에서 적절한 것을 효과적으로 찾아낼 수 있다. 중용은 주어진 상황에서 다양한 가능성을 고려해 그중 가장 적절한 대안을 선택할 수 있게 하는 사고방식이다.

이것은 삶에서 매우 중요한 자세다. 생각이 떠오르자마자 확신을 갖고 바로 행동하기보다는 잠시 멈추고 정반대 입장을 고려해보는 것이다. 그러면 더욱더 적절한 선택을 할 수 있는 가능성이 높아진다.

중용은 균형 있고
평온한 마음상태다

기쁘고 화나고 슬프고 즐거운 감정이 밖으로 드러나지 않은 상태를 중(中), 즉 적중(適中)함이라고 한다. 그러한 감정이 밖으로 드러났는데 각기 모두 자연법칙과 도덕규범에 부합함을 화(和), 즉 조화(調和)함이라 한다.

『중용』에서 말했다.

"기쁨, 분노, 슬픔, 즐거움이 드러나지 않은 상태를 '중(中)'이라 하고, 그것들이 드러나되 모두 적절한 절도를 지키는 것을 '화(和)'라고 한다."

중용은 나의 감정을 조절하며, 대상이나 상황, 맥락에 맞게 감정을 조화롭게 표현하는 것으로 해석할 수 있다. 현대 심리학의 '정서조절'이라는 개념과도 연결된다. 정서조절이란 자신의 감정을 인식하고 적절하게 표현하며, 필요한 경우 감정을 억제하거나 변화시키는 능력을 의미한다.

현대 심리학은 정서조절 능력을 기르기 위한 방법들을 갖고 있다. 우선 자신의 감정을 잘 인지해야 한다고 말한다. 부정적인 상황이 벌어지면, 불안감, 두려움, 분노, 짜증 등의 감정이 올라온다. 이것에 대해서 우선 잘 알아차리는 것이다. 그래서 밖으로 표출되기 전에 내가 이런 감정들을 갖고 있는지 파악해보는 것이다. 이렇게 감정 인지로 시작된 조절 능력을 기르는 것이 중요하며, 이를 위한 다양한 방법들이 존재한다.

첫째, 감정 인식으로 자신의 감정을 자각해본다. 긍정적인 감정이나 부정적인 감정을 느꼈을 때 정확히 그 감정의 이름이 무엇인지 인식해본다. 상황과 감정을 객관적으로 알아내기 위해 감정일기나 글쓰기를 활용할 수 있다.

둘째, 감정을 건강하게 표현하는 방법이 있다. 친구와 대화를 통해 감정을 나누거나 예술 활동이나 창조적 활동을 통해 나의 감정을 표출해보는 것이다.

셋째, 감정 조절을 하기 위해 심호흡이나 긍정적인 사고 전환을 통해 감정을 다스린다. 명상 등의 활동을 통해 부정적인 감정이 느껴질 때 마음을 고요하게 해본다. 떠오르는 생각을 알아차리고, 긍정적인 관점으로 바라보기 위한 연습도 해본다.

넷째, 규칙적인 운동과 균형 잡힌 생활을 통해 지속적으로 정서를 안정시킨다. 결국 감정을 관리할 수 있는 능력이 커진다는 것은 부정적인 감정이 외부에 좋지 못한 형태로 표현되기 전에 최대한 빠르게 대응하고 잘 받아들일 수 있는 상태를 만드는 것이다. 그리고 하루를 돌아보는 활동 등을 통해서 관리 능력을 지속적으로 길러야 한다.

예를 들어 직장에서 상사에게 비판을 받은 상황을 생각해보자. 나는 잠시 감정을 추스르면서, 내가 어떤 감정을 갖고 있는지 떠올려볼 수 있다. 지금 이 감정은 분노와 억울함인지, 아니면 짜증인지, 그것도 아니라면 당황했는지 등 나에게서 정확하게 어떤 감정이 나오고 있는지 파악해본다. 가능하다면 감정일기 등을 통해서 관련 상황과 감정 그리고 감정이 어느 정도로 깊었는지 등을 기록해볼 수도 있다. 그러면서 나에게 쌓인 감정들을 음악이나 미술 또는 글쓰기 등의 창조적 활동을 통해서 표현해본다. 하루의 시작이나 마무리 시간대에는 명상, 상황에 대한 다양한 관점 전환 등을 통해서 감정을 조절하고 관리할 수 있다. 만약 부정적인 감정에 휩싸여 계속해서 힘들다면 심리상담 등 전문가의 도움을 받아볼 수도 있다.

중요한 것은 부정적인 감정에 내가 흔들릴 때, 또 다른 부정적인 생각들로 인해 계속해서 부정적인 감정이 나를 흔들게 그냥 두어서는 안 된다. 부정적인 감정이 다른 부정적인 생각을 낳고, 그 생각이 새로운 부정적인 감정을 만들게 되는 등 계속해서 부정적인 감정이 나를 지배하게 하는 것은 정서조절을 통해서 막을 수 있다. 결론적으로 중용이란 내 마음의 중심을 제대로 잡고, 외부 상황에 나의 감정이 잘 흔들리지 않는 것이다.

중용은
실천이다

중용의 '용(庸)'은 반복해서 실천하고 배워나가는 것을 말한다. 중용은 결과를 말하는 것이 아니다. 유교에서는 군자로서 어떻게 배워나갈 것인가에 대해서 '신독(愼獨)'이라는 개념을 강조한다. 신독이란 혼자 있어도 늘 말을 조심하고 태도를 바르게 한다는 의미다. 누군가에게 보이기 위해서 또는 알리기 위해서가 아니라, 자신의 도를 실현하기 위해 경계하고 공부하는 것을 의미한다.

『중용』에서 말했다.

"도는 잠시도 떠날 수 없다. 만약 떠날 수 있다면 그것은 도가 아니다. 그러므로 군자는 홀로 있을 때에도 몸과 마음가짐을 바르게 해야 한다."

중용을 행하는 군자는 자기 스스로 몸과 마음을 조절하고, 또 그것을 할 수 있다는 확신을 갖고 있으며, 자기로부터 이유를 찾아 개선을 위해 계속 노력해야 한다. 즉 중용은 내가 내 인생의 주인공이 되어서 계속 실천하며 경험을 쌓고 배워나가야 함을 말한다.

중용을 나의 인생에 적용하기 어려운 이유는 인생의 불확실한 상황들 때문이다. 우리는 인생에서 어떤 일이 벌어지고, 어떤 상황에 놓이게 되며, 그 상황이 어떤 맥락인지 전혀 알 수 없다. 갑작스런 상황에 대해서 현명하게 대처하는 것도 쉽지 않다. 그렇기 때문에 중용이 어려운 것이다.

중용에서 강조하는 것은 중용의 이치를 삶에 적용하면서, 하나씩 배워나가고, 또 다시 적용하고 배워나가는 과정이다. 그렇게 쌓이는 경험 덕분에 내 인생에서 중용의 효과를 점점 더 누릴 수 있을 것이다.

유교에서 나이가 많은 연장자를 우대하는 이유는 그들이 삶의 경험이 많기 때문이다. 연장자들은 인생의 다양한 상황에 어떻게 대응해야 할지 조언을 해줄 수 있기 때문에, 유교에서는 나이가 많으신 분들의 말에 귀를 기울이고 어른을 공경해야 한다고 말했다. 중요한 것은 계속해서 내 인생에 배움을 쌓아야 한다는 것이다.

중용의 원리를 그냥 이해하고만 있으면 절대 안 된다. 삶에 실제적으로 적용해보아야 한다. 삶에 적용하기 위한 노력이 있으면 저절로 성장은 따라온다.

인생에 공짜는 없다. 40대에 접어든 우리는 이미 다양한 경험을 했기 때문에 좋은 개념을 가지고 얼마든지 삶에 적용하면 우리를 한층 더 성숙하게 만들 수 있다. 시작이 반이다. 마음을 먹고 삶에 적용하기 시작했다면 이미 중간 단계까지는 왔다는 것이다.

중용을 계속해서 적용하면서 경험이 쌓이고, 중용의 이치를 깨달으면서 더 성장해가자. 그러면 중용이라는 개념은 삶의 무서운 도구가 되어 우리 삶을 풍요롭게 할 것이다. 또한 중용에서 오는 좋은 결과를 삶에서 얻을 수 있을 것이다.

"도는 중용에 있으며,
중용의 극치를 이루는 것이 선이다."

『중용』의 처방전 - 적당하고 적절한 중간의 균형을 찾아라

Friedrich
Nietzsche

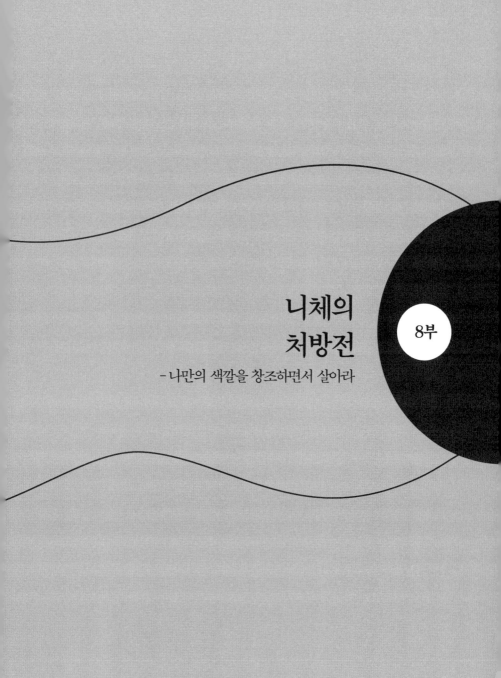

니체의
처방전

- 나만의 색깔을 창조하면서 살아라

8부

테슬라의 CEO인 일론 머스크는 한 컨퍼런스에서 "인공지능이 인간의 모든 일자리를 빼앗을 것"이라고 말했다. 기술의 발달은 삶을 풍요롭고 편리하게 만들지만 그 이면에는 사람들에게 두려움과 불안감을 일으키는 이슈들이 존재한다. 인공지능은 인간이 오랜 시간 동안 노력으로 쌓아온 것들을 단 몇 초만에 만들어낸다. 놀라운 일이 아닐 수 없다. 하지만 한편으로는 기분을 불편하게 만든다.

인공지능이 왜 우리 인간들을 불편하고 불안하게 만들까? 인공지능은 인간의 '노력'이라는 가치에 너무나 큰 혼란을 주기 때문이다.

니체의 처방전 - 나만의 색깔을 창조하면서 살아라

최근 우리나라에 인공지능이 사람들을 불편하게 만든 사건이 있었다. 국내 최고의 작곡가인 김형석 씨가 심사위원으로 있는 한 대회에서 1등 곡을 지목했다. 알고 보니 그 곡은 인공지능이 작곡한 곡이었다. 김형석 작곡가조차 인공지능이 곡을 만들었다는 사실을 파악하지 못했다. 심지어 수준 높은 곡이라는 평가까지 했었다.

작곡가가 곡 하나를 완성하는 데는 아무리 빨라도 2~3일이 걸린다. 길면 수개월이 넘게 소요된다. 하지만 인공지능은 단 몇 분이면 한 곡을 만들어낸다. 사람보다 수백 배, 수천 배 빠른 속도로 말이다. 이렇게 인공지능은 사람이 수년간 노력한 것들을 몇 초, 몇 분 만에 만든다. 인공지능 기술 때문에 '노력'이라는 가치가 변화되고 있는 것이다.

결국 핵심은 어떤 변화가 일어나면, 사람들이 기존에 중요하다고 생각했던 가치가 변할 수 있다는 것이다. 그리고 어떤 식으로 변해갈지 예측하기 어렵다. 그렇기 때문에 세상에 큰 변화가 일어나면 사람들은 불안해하고 혼란스러워한다.

그렇다면 변화의 중심에서 과연 나는 무엇을 추구하면서 살아야 할까? 이 질문에 답을 준 철학자가 있다. 바로 프리드리히 니체다.

"신은 죽었다"라는
선언의 의미

　니체가 살았던 19세기는 지금과 마찬가지로 혼란의 시대였다. 19세기까지 유럽 사람들에게 신은 곧 삶의 의미이자 목적이었다. '내가 어떻게 살아가야 할까?'에 대한 답은 간단했다. '신'의 뜻대로만 살면 되기 때문이었다. 인생에 재앙이 닥쳐도 모든 것은 '신'의 뜻이라 여기면 이해가 되었고, 그렇게 스스로를 위로하면 되었다.

　모든 사람들이 고민 없이, 신의 뜻이라 믿고 살 만큼 신은 절대적인 존재였다. 하지만 19세기에 지금의 인공지능 기술과 같은 큰 변화가 일어났다. 그것은 바로 과학기술의 발전과 산업혁명이다. 과학의 발전으로 사람들은 더 이상 모든 것을 신에게 의존하지 않게 되었다. 찰스 다윈의 진화론은 생명체의 기원을 신의 창조에서 비롯된 것이 아니라 자연 선택과 진화의 과정으로 설명했다. '신의 의도'라고 해석했던 다양한 현상을 과학적 사고는 논리적으로 증명했고, 산업혁명은 신에 대한 믿음을 돈에 대한 믿음으로 바꾸기 시작했다.

　삶의 전부였고, 절대적으로 의지했던 '신'의 역할은 축소되어서 더 이상 사람들을 이끌어가지 못하게 되었다. 이러한 현

니체의 처방전 - 나만의 색깔을 창조하면서 살아라

상은 19세기를 살아가던 사람들에게 큰 충격으로 다가왔다. 신이 이끄는 대로 살았던 삶이 더 이상 유효하지 않게 되었기 때문이다.

사람들은 갑작스러운 사회적 변화에 인생을 어떻게 살아가야 할지 커다란 혼란에 빠지게 된다. '신'이라는 인생의 절대적인 기준이 사라지면서, 무엇을 옳다고 믿고 어떻게 살아야 할지 답을 찾기가 어려워졌다.

위대한 철학자 니체는 이러한 혼란 속에서 사람들에게 새로운 길을 제시했다. 그의 생각은 사람의 삶뿐만 아니라 20세기 문학, 미술, 심리학 등 다양한 분야에 영향을 주었다.

'신'이라는 절대적인 존재에 대한 불신으로 가득 찼던 시대를 니체는 『즐거운 학문』에서 단 한 문장으로 정의했다.

"신은 죽었다."

'신'이라는 절대적 기준이 있는 세상에서는, 무엇이 옳고 어떤 것이 의미 있고 가치 있는지가 너무나도 분명했다. 하지만 '신'이라는 절대적 기준이 없어진 세상은 그저 혼란스럽기만 할 뿐이었다. 신이라는 절대적 기준이 사라진 세상은 왜 혼란스러운 것일까?

내가 태어날 때부터 학창 시절까지 나에게 모든 것을 가르쳐준 가정교사가 있다고 생각해보자. 인생에서 선택이 필요할 때마다 가정교사는 나에게 모든 것을 알려주고 방향을 정해 주었다. 내가 어떤 친구와 사귀어야 하고 어떤 진로를 선택해야 할지 고민을 하면 가정교사는 바로 답을 알려주었다. 그런데 어느 날 갑자기 가정교사가 사라졌다면 어떻게 될까? 그때부터 나는 큰 혼란을 느낄 것이다. 왜냐하면 더 이상 믿고 답을 물어볼 사람이 없기 때문이다.

여러 사람에게 물어서 답을 얻을 수는 있겠지만, 그것 역시 문제가 있다. 답을 하는 사람들이 서로 다른 의견을 제시할 수 있기 때문이다. 내가 어떤 직업을 가져야 하는지 물어보면, 어떤 사람은 의사가 최고라고 이야기하고, 어떤 사람은 변호사가 최고라고 한다. 또 어떤 사람은 공무원 시험을 준비하라고 하고, 다른 누군가는 창업을 해보라고 말할 수도 있다. 사람마다 가치관이나 인생관이 다르기 때문에 사람들은 자신의 성향에 따라서 다른 대답을 할 것이다.

결국 인생의 판단과 결정을 스스로 해야 한다. 직업에 대해서도 스스로 선택해야 하고, 인생을 어떻게 살아가야 할지도 혼자서 생각하고 판단해야 한다. 그런데 지금까지 혼자서 판단하고 생각해본 적이 없다는 문제가 있었다. 이것은 모든 혼란의 원인이 된다.

'신'이라는 절대적 기준이 사라진 19세기의 사람들도 똑같은 상황이었다. '신'을 대신할 기준을 인간 스스로가 만들어야만 하는 세상이 되었기 때문이다. 하지만 모든 사람들은 자신이 처한 환경이나 입장, 생각이 다르기 때문에 문제가 발생한다. 대부분이 큰 잘못이라고 생각하는 살인도 식인을 하는 오지의 부족에게는 하나의 삶의 방식일 뿐이다. 전쟁 중에는 옳다고 생각하는 신념 때문에 대학살도 스스럼없이 저지른다. 누군가는 돈의 가치가 가장 중요하다고 하더라도 어떤 사람은 돈보다도 다른 것이 가치 있다고 말할 수 있다. 그래서 당시에 사람들은 혼란스러울 수밖에 없었다. '신'이라는 절대적 가치가 사라진 세상은 어떤 것이라도 '신'이 될 수 있고, 그 무엇도 '신'이 될 수 없는 세계가 되어버렸다.

두 가지 종류의 기준

니체는 인간이 기준을 세우고 삶에 적용하는 방식을 다음과 같이 두 가지로 나누었다. 하나는 자신이 만든 기준의 주인이 되는 것이고, 다른 하나는 누군가 만들어놓은 기준의 노예가 되는 것이다.

니체는 『차라투스트라는 이렇게 말했다』에서 말했다.

"자기 자신에게 복종할 수 없는 자는 누군가의 명령을 받게 된다. 이것이 살아 있는 존재들의 본성이다."

나는 어떤 선택을 해야 할까? 나는 내 삶의 주인이 되어야 할까, 아니면 주인을 찾아서 섬기는 삶을 살아야 할까? 아마 대다수의 사람들은 내가 주인이 되는 삶을 살기를 원할 것이다. 하지만 나는 진정으로 나의 삶을 살아가고 있는 걸까? 진정으로 자기 자신으로서의 삶을 살아가는 사람들은 주변에 얼마나 될까?

한국사회에는 수많은 사람들의 주인이 존재한다. 돈, 명예, 외모, 인간관계 등은 신과 같이 추앙받거나 사람들이 섬기고 있는 주인들이다.

예를 들어 돈을 섬기는 사람에게 부자는 가치가 높은 존재다. 부자들이 하는 말은 모두 옳다. 투자를 어떻게 해야 할지, 자기 관리를 어떻게 해야 할지, 인생을 어떻게 살아가야 할지도 부자가 하는 말은 정답이 된다. 부자가 실제로 어떤 삶을 살아왔는지는 상관없이 그들의 말은 큰 영향력을 갖게 된다. 유명하거나 외모가 훌륭한 사람들도 마찬가지다. 부자들의 말과 행동은 마치 '신'과 같이 대접받고, 더 많은 사람들의 관심과

니체의 처방전 - 나만의 색깔을 창조하면서 살아라

이목이 쏠리게 된다.

　외모, 명예, 돈은 우선순위의 최상단에 위치하고, 행동의 기준이 된다. 과거에는 '신'을 기준으로 삼았다면 현대사회에는 돈, 명예와 같은 것들로 바뀌었고, 이런 조건들은 나로부터 나오는 것이 아니라 모두 외부의 세계에 존재한다. 그들의 지배를 받으며, '신'을 대신하는 것들의 요구에 따라 삶을 규정하기도 한다.

　니체는 "외부의 사슬에 내가 옭아매여 있는 한, 진정한 나 자신을 발견하기는 매우 어려워진다"라고 말했다. 바깥세상을 바라보기 바쁘기 때문에 나에게 집중할 수 없게 된다. 통장에는 잔고가 얼마나 있는지, 거울 속 나의 외모는 아름다운지, 나는 사람들에게 얼마나 인정을 받고 있는지 등 나의 시선은 오로지 밖을 향해 있다.

　삶을 평가하는 기준이 외부에 있기 때문에 내가 어떤 사람인지에 대해 이해하기 어렵다. 그러면 도대체 뭘 어떻게 해야 할까? 니체는 내가 '주인'으로서 나의 삶을 주도하고, 새로운 가치를 창조해야 한다고 말한다.

　니체는 『우상의 황혼』에서 말했다.

　"근본적으로 모든 위대한 것들은 단순하다."

　진리는 단순하다. 나는 나 자신이 되어, 나의 삶을 살아간다!

나 자신이 되어
나의 삶을 살아간다는 것

자시 자신으로 살아가기 위해서는 구체적으로 어떻게 해야하는 것일까? 어떻게 해야 자기 자신으로 살아갈 수 있는 것일까? 니체는 "우선 비판적으로 바라보고 의심하라"고 말한다.

니체가 바라보았을 때 19세기는 '신'이라는 절대적 기준이 사라져서 무엇이 옳고 틀린지, 어떤 것이 중요하고 덜 중요한지를 판단하는 것이 혼란스러운 세상이었다. 니체가 강조한 것은 세상에 절대적인 기준이란 없다는 것이다. 개인마다 옳고 그름은 다를 것이고, 모든 것은 상대적이다.

사람들은 본능적으로 인생의 정답이나 진실을 찾으려고 애쓰면서 인생에 주어진 모든 문을 열 수 있는 마스터키를 원한다. 현대사회에서도 자기계발서를 보면 '인생의 법칙'이라는 이름 아래에 무수히 많은 해답들이 존재한다. 니체는 이러한 해답을 만나게 되면 우선 의심하라고 이야기한다. 사회에서 성공한 사람들이 말하는 인생의 원칙이라는 것이 정말 내 인생에 도움이 되는 것인지 비판적으로 바라보아야 한다. 물론 자기계발서에 나오는 성공을 위한 주옥같은 말들이 아무 가치가 없는 것은 아니다. 처해진 상황과 서로 다른 특징을 갖고 있는

니체의 처방전 - 나만의 색깔을 창조하면서 살아라

사람들에게 동일하게 적용할 수 있는 삶의 기준이 존재하기는 어렵지만 나만의 인생관을 세우는 것은 가능하다.

나이가 들수록 환경이 변하고, 나도 바뀌게 된다. 결국 나만의 의미와 목적으로 살아간다는 것은 현재의 상황에 맞게 나만의 기준을 세워야 한다는 의미가 된다. 세상이 제시하는 가치는 물론이고 나의 과거조차 의심의 대상으로 여기며, 비판적으로 살아야 한다.

비판적으로 바라보고, 의심하면서 살아간 후에는 무엇을 해야 할까? 니체는 아이와 같은 특징을 가진 창조적 인간이 되어야 한다고 강조했다.

니체는 『차라투스트라는 이렇게 말했다』에서 말했다.

"그러나 창조하려면 많은 쓴 것이 필요하고, 성스러운 '아니오'가 있어야 한다. 이제 의지는 자기 자신의 의지를 원하고, 세계를 잃어버린 자는 자기 자신의 세계를 정복한다."

니체는 어린아이가 놀이에 흠뻑 빠져 몰두하듯이 삶을 즐기면서 창조적인 활동을 해야 한다고 강조했다. 아이는 사회적 규범이나 고정관념에 물들지 않은 상태다. 아이의 순수함은 새로운 아이디어와 가능성을 탐구하는 데 매우 유리하다. 아이들은 자신이 즐기는 놀이 속에서 자신만의 규칙을 만들고 변화시키며 나만의 세계를 만들어나간다.

결국 나에게 필요한 것은 '창조적인 행동을 하는 시간'이다. 창조적인 활동을 생각하면 막연하고 새로운 것에 대한 불안감과 두려움도 느낄 수 있다. 하지만 무언가를 창조한다는 것은 의외로 굉장히 쉬운 일이다. 펜과 종이를 준비해보자. 그리고 지금 떠오르는 생각을 적어보자. 당신은 방금 문장들을 창조했다. 이후에 내가 좋아하는 것을 창조해보는 것도 좋다. 음악, 미술, 글쓰기 등 다양한 영역에서 평소에 하고 싶었던 것들을 마음껏 만들어보는 것이다. 무언가를 창조할수록 성취감과 삶의 의미들이 가득 차오르게 된다.

소소한 창조적인 활동은 단순하고 간단해 보일 수 있지만, 인생에 미치는 영향력은 막대하다. 융의 분석심리학, 에드워드 데시의 자기결정이론, 메슬로우의 자기실현은 모두 창의적인 활동이 미치는 긍정적인 영향에 대해서 주장했다. 뿐만 아니라 창의적인 활동이 삶의 만족도를 높인다는 연구 결과들은 무수히 많다. 연구 결과에서 스트레스를 완화시키고, 성취감도 높아지며, 사회와 연결성이 향상되는 경험에 긍정의 만능키로 작용하는 것이 창의적인 활동이라고 증명했다. 쉽게 시작할 수 있고, 그 효과는 막대하다.

세상은 언제나 변하지만 내가 매일 창조하는 활동들은 변화 속에서 나를 잃지 않도록 도와준다. 무언가를 창조하는 사람들은 변화에 휘둘리기보다는 세상의 흐름을 타면서 변화를 이용한다. 스스로 가치를 만드는 사람에게는 변화가 큰 기회가 되기 때문이다. 전설적인 창업자들을 생각해봐도 세상의 변화 속에서 기회를 발견하고, 수많은 가치를 만들어냈다.

변화는 두려울 수 있다. 인공지능은 분명히 인간이 생각하지 못한 무언가를 만들어낼 것이다. 하지만 결국 인생이 창조적인 무언가로 조금씩 채워진다면 그걸로 충분하다. 나만의 생각과 정성이 듬뿍 들어간 창조물은, 나에게는 인생의 큰 의미로 다가올 것이기 때문이다.

그저 나만의 색깔을 창조하면서 살아가면 된다. 그렇게 아이처럼 놀이를 하고, 사랑하고, 삶을 즐긴다면 그 자체로 멋진 인생이 될 것이다.

"외부의 사슬에 내가 옭아매져 있는 한,
진정한 나 자신을 발견하기는 매우 어려워진다."

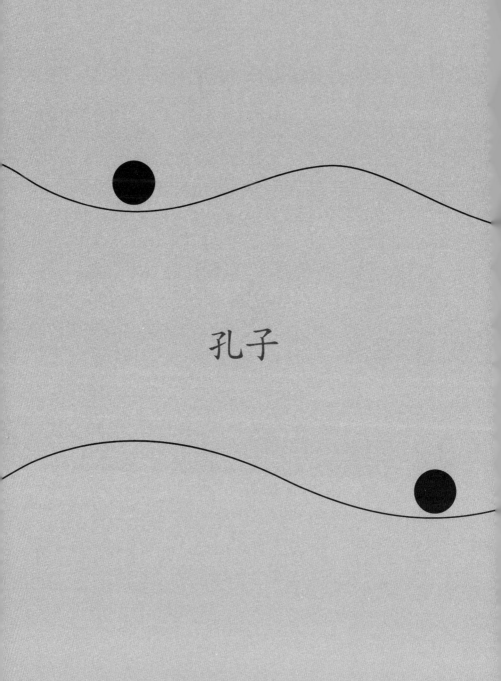

孔子

공자의
처방전

- 혼란 속에서도 흔들림 없이 나를 지켜라

9부

'어떻게 하면 삶을 잘 살아갈 것인가?'라는 질문은 '내가 어떤 사람이 되어야 하는가?'라는 질문과도 같다. 동양의 위대한 철학자 공자는 "잘 살기 위해서는 그릇이 큰 사람이 되어야 한다"라고 설파했다.

우리는 태평양 같은 넓은 마음으로 모든 것을 포용할 때가 있고, 밴댕이 속처럼 치졸해질 때도 있다. 속 좁게 옹졸하게 굴었던 행동들은 차츰 후회로 전환된다. 사소한 일에 짜증을 내고, 나의 실수이지만 자존심 때문에 인정하지 않고 변명만 늘어놓으면서 솔직하게 행동하지 못했다. 남한테는 좋은 사람이고 싶어서 좁은 마음을 감추고 선을 지키지만, 가까운 가족에게는 정작 그렇지 못한 경우도 많다.

이중적인 내 모습을 볼 때면 내 그릇의 크기가 궁금해진다. 나는 그릇이 큰 사람일까, 작은 사람일까? 삶이 힘들어지면 내 마음과는 다르게 다른 사람의 눈치가 보이고 무기력해진다. 최악의 상황을 만나면 나의 마음을 숨길 틈도 없이 밑바닥까지 드러난다.

삶을 잘 살려면 공자와 같이 그릇이 큰 사람이 되어야 한다. 공자는 혼란한 세상에서 흔들리지 않고 넓은 마음으로 바른 삶을 살 수 있는 지혜를 남긴 철학자다. 그는 혼란이 가득한 춘추전국시대를 살아가면서도 나다운 삶을 잃지 않고 많은 가르침을 남겼다. 춘추전국시대는 하룻밤을 자고 일어나면 내가 속한 국가가 바뀔 정도로 나라 간의 경쟁이 매우 치열했고, 내부적으로는 하극상이 만연해 규율이 없이 불확실함으로 가득한 세상이었다.

생존을 위해 치열하게 경쟁하고 병력의 힘이 절대 가치인 전쟁 속에서, 공자는 일평생 고민해 삶의 지혜를 『논어』에 담아냈다. 그리고 『논어』를 통해 그릇이 큰 사람으로 살아가는 것이 어떤 것인가를 우리에게 전해주었다.

평가에 휘둘리지 않고
내 길을 묵묵히 걷기

그릇이 큰 사람이란 타인의 평가에 일희일비하지 않고, 자신의 길을 묵묵히 걸어가는 사람을 뜻한다. 공자가 말한 군자의 모습은 바로 이런 사람이다.

공자는 『논어』에서 말했다.

"배운 것을 때때로 실천하고 익히면, 기쁘지 않겠는가? 친구가 먼 곳에서 찾아오면, 기쁘지 않겠는가? 다른 사람이 나를 알아주지 않아도 마음이 상하지 않으면, 군자라 할 수 있지 않겠는가?"

기준이 확고하고, 인생에 대한 확신이 뚜렷할수록 우리는 나만의 길을 걸어갈 수 있다. 타인이 나를 어떻게 평가하든 그것은 내 인생을 결정하는 요소가 될 수 없다. 누군가가 나를 게으르다고 말한다고 해서 내가 게으른 사람이 되는 것은 아니다. 타인의 비난은 그저 허상에 불과하며, 그 어떤 말도 나의 본질을 바꿀 수 없다. 내 본질을 변화시킬 수 있는 유일한 사람은 오로지 나 자신뿐이다.

공자가 강조한 군자의 덕목은 타인의 인정이나 칭찬에 의존하지 않는 것이다. 그보다는 자신을 스스로 돌아보고 끊임없이 성장하며, 자신의 가치를 확고히 하는 것이 중요하다. 이를 위해서는 자기 성찰과 끝없는 배움이 필요하다. 세상에서 배우는 것들은 모두 나를 더 깊이 이해할 수 있는 재료가 된다. 예를 들어 역사적인 인물이나 현존하는 다양한 사람들의 생각과 경험은 나에게 간접적으로 큰 교훈을 준다. 이런 교훈은 나의 관점과 인생관을 풍부하게 해 나 자신을 더 분명하게 해준다.

심리학은 인간의 본성을 이해하는 데 도움을 주는 좋은 학문이다. 심리학을 통해 타인에게 지나치게 신경을 쓰는 사람들의 심리를 분석해보면, 어린 시절에 부모의 감정에 민감하게 반응하며 자란 경우가 많다는 것을 알 수 있다. 예를 들어 부모가 쉽게 화를 내거나 소리를 지르며 아이에게 감정적인 압박을 가했을 때 아이는 스스로가 그 원인이라고 생각하게 된다. '너 때문에 속상해 죽겠다' 같은 말은 아이에게 자신이 다른 사람의 감정을 책임져야 한다는 잘못된 믿음을 심어주게 된다. 그래서 성장 후에도 주변 사람의 감정 변화에 과도하게 반응하고 늘 타인의 눈치를 보며 살게 된다.

물론 타인에게 지나치게 신경을 쓰지 않는다고 해서 인간관계를 소홀히 하라는 의미는 아니다. 타인의 평가에서 자유로워질수록 자유로운 인간관계를 경험할 수 있다. 그래서 공자는 인간관계에서 오는 기쁨 또한 군자의 삶에서 중요한 부분이라고 보았다. 공자는 "친구가 먼 곳에서 찾아오면 기쁘지 않겠는가?"라고 물었다. 이는 단순한 만남의 기쁨을 넘어 오랜 기간 유지되는 우정과 서로의 배움이 있는 관계가 주는 즐거움을 의미한다. 친구가 먼 곳에서 찾아왔을 때, 우리는 만남을 통해 함께 나눈 배움과 경험을 공유하고, 서로의 성장을 확인할 수 있다. 이런 만남은 일상적 기쁨을 넘어 서로를 지지하며 배우는 관계로서 중요한 의미가 있다.

공자는 배움의 기쁨을 강조했다. "배운 것을 때때로 실천하고 익히면, 기쁘지 않겠는가?"라는 말에서, 배움은 단지 지식의 축적이 아니라 그것을 삶 속에서 실천하며 자신의 것으로 만드는 과정이라고 보았다. 이 과정에서 성장의 즐거움을 느끼게 된다.

끊임없이 배우고, 배움을 삶에 적용하면서 우리는 점차 성숙하고 깊이 있는 사람이 된다. 배운 지식을 실천하고 그 안에서 스스로의 발전을 느낄 때 기쁨은 외부의 평가나 인정과는 비교할 수 없는 진정한 만족감을 준다. 이는 곧 자신만의 확고한 기준을 세우고, 그에 따라 성장해가는 군자의 모습과도 맞닿아 있다.

타인의 평가와 인정에 연연하지 않는 것이 군자의 본질이지

공자의 처방전 - 혼란 속에서도 흔들림 없이 나를 지켜라

만, 진정한 인간관계에서 오는 기쁨 또한 군자가 중시해야 할 덕목이다. 벗과의 만남, 배움에서의 성취, 자기성찰의 과정은 군자의 길을 걸어가는 데 없어서는 안 될 중요한 요소다.

결론적으로 자신만의 길을 걷는 군자는 내면의 성장이 필요하다. 심리학을 포함한 여러 학문을 통해 자신의 삶을 분석하고, 그 원인을 이해함으로써 우리는 스스로를 깊이 성찰할 수 있는 기회를 얻게 된다. 나 자신을 잃지 않으려면 끝없는 자기 탐구와 노력이 필요하다. 그 과정에서 우리는 다양한 관점을 받아들여 나를 더 깊이 이해하고, 더욱 성숙한 인생을 살아갈 수 있다.

불행 속에서도 행복을 찾는다

공자는 『논어』에서 말했다.

"인생의 고난 속에서도 군자는 자신을 잃지 않고, 내면의 평정을 유지하며 자신이 믿는 바를 지킨다." "군자는 어려움 속에서도 자신의 덕을 유지하며, 혼란에 휘둘리지 않는다."

우리가 삶에서 마주하는 어려움은 피할 수 없는 것이다. 하지만 어떻게 행동하는지는 우리의 선택에 달려 있다. 인생을 살다 보면 작은 희망조차 보이지 않을 때가 있다. 퇴사 후 큰 포부로 시작한 사업이 예상하지 못한 경기침체로 인해 모든 것이 틀어졌을 때가 바로 그랬다. 분명히 최선을 다했지만 결과는 기대에 미치지 못했다. 마치 인생이 제자리걸음을 하는 것 같았고, 분노와 좌절만이 남았다. 하지만 공자가 말한 군자의 자세는 이런 상황에서 진가를 발휘한다. 군자는 외부 상황에 흔들리지 않고, 스스로의 덕을 지키며 내면의 고요를 유지하는 사람이다.

공자도 위기의 순간이 있었다. 흉악한 범죄를 저지른 양호라는 사람으로 오해받아 군인들에게 포위되었을 때, 그는 두려움에 휘둘리지 않고 거문고를 연주하며 노래하기를 멈추지 않았다. 그 모습을 본 제자인 자로가 "스승님은 어떻게 위기 속에서도 그렇게 즐거울 수 있습니까?"라고 물었다. 이에 공자는 "불행한 상황도, 행복한 상황도 모두 다 때가 있다"라고 답했다. 군자는 그저 묵묵히 인내하고 기다리는 자며, 어떤 고난도 결국 이겨낼 수 있음을 강조한 것이다.

최악의 상황에 직면하게 되면 불안감과 여러 가지 부정적인 감정이 올라온다. 그때 감정이 사그라질 때까지 기다려보자.

공자의 처방전 · 혼란 속에서도 흔들림 없이 나를 지켜라 그리고 다시 그 상황을 바라보자.

대부분의 일들은 내가 통제할 수 없는 것들이다. 경제가 나빠져서 사업이 어려워지거나 타인이 나를 미워해 갈등이 생기는 일들은 내 의지와 상관없이 일어난다. 공자가 말한 인내란, 이런 상황을 있는 그대로 받아들이고 그것에 휘둘리지 않으며 자신을 지키는 것이다.

바다 한가운데 있을 때 거대한 파도가 나를 향해오는 것을 상상해보자. 그 파도를 막을 수는 없다. 하지만 파도에 맞서 힘을 주어 떠밀려 갈지, 아니면 힘을 빼고 파도에 맡긴 채 흘러갈지는 나의 선택이다. 파도는 내가 통제할 수 없지만, 어떻게 대응할지는 내 몫이다.

삶도 이와 같다. 일어난 일은 이미 일어났고, 과거로 돌아가서 그것을 바꿀 수는 없다. 그러나 고통과 불행이 나를 찾아왔을 때 내가 그것에 어떻게 반응하느냐가 중요하다. 현실을 있는 그대로 받아들이고, 통제할 수 있는 것에만 집중하는 것이 군자의 길이다. 어쩌면 나에게 닥친 시련들은 내가 조금 더 성장하기 위한 인생의 촉진제일지도 모른다. 공자가 위기 속에서 거문고를 연주하며 평정을 유지했던 것처럼, 우리도 혼란 속에서 자신을 지키며 내면의 덕을 유지하는 군자의 길을 걸어갈 수 있다.

말보다
행동이 먼저다

공자에게는 자공이라는 제자가 있었다. 자공은 공자의 제자들 중에서 정치적, 경제적으로 두각을 나타낸 인물이다. 그는 외교적 업무에서 중요한 역할을 했고, 경제적으로도 부유한 상인이었다. 자공은 똑똑하고 성공한 사업가이자 훌륭한 외교관이었으며, 특히 언변이 뛰어나 남을 설득하는 데 탁월한 재능을 가졌다.

공자는 자공의 이러한 능력을 높이 평가하면서도, 그에게 언변에만 의존하지 말고 실천을 통해 진정한 가치를 증명하라고 가르쳤다. 공자는 『논어』에서 말했다.

"군자는 말에 있어서 신중하고, 행동에는 민첩해야 한다."

공자는 이 한 문장의 가르침을 통해 자공에게 말보다는 행동을 중시하는 군자의 자세를 강조했다.

현대사회에서도 언변이 뛰어난 사람은 많은 이들에게 주목받고, 그 능력을 인정받는다. 설득의 기술로 큰 성과를 이루는 영업사원이나 방송과 유튜브에서 유려한 말솜씨로 인기를 끄는 사람들이 있다. 말을 잘하는 능력은 자본주의 사회에서 중요한 자산이며, 때로는 성공을 좌우하기도 한다. 그러나 공자

공자의 처방전 - 혼란 속에서도 흔들림 없이 나를 지켜라

가 강조한 것처럼, 말이 행동을 앞설 때 문제가 발생한다. 말만 앞서고 실천이 따르지 않으면 신뢰를 잃고, 결국에는 그 언변조차 무의미해질 수 있다.

예를 들어 회사에서 팀원들과 함께 일을 할 때 말만으로는 모든 것을 해결할 수 없다. 어떤 동료는 입으로는 온갖 계획과 약속을 늘어놓지만, 기한이 지나도 결과물이 전혀 없다. 그리고 나중에는 자신이 일을 제때 마치지 못한 이유를 유려한 말로 변명하지만, 그것이 반복되면 결국 신뢰를 잃고 만다. 말이 앞서는 사람은 그 말조차 믿기 어렵게 만들며, 이러한 일이 반복되면 직장에서의 입지조차 흔들릴 수 있다.

말로만 큰소리치는 사람들은 자신이 남보다 더 잘 할 수 있다고 주장하지만 정작 실천은 하지 않는다. 이런 사람들은 남을 깎아내리기 바쁘지만, 실제로는 자신이 일을 제대로 해내지 못할까 봐 두려워하는 마음이 숨어 있다. 이들은 그 두려움을 직면하지 않고 말로 회피하려 하며, 결국 말만 앞서는 태도로 인해 쌓아온 신뢰를 잃게 된다. 공자는 바로 이러한 이유로 "행동이 동반되지 않은 말은 군자의 덕목이 아니다"라고 경계한 것이다.

공자의 가르침은 오늘날에도 유효하다. 우리는 자신이 말로만 앞서 나가는 사람이 아닌지 돌아볼 필요가 있다. 만약 그렇다고 느낀다면, 그 이면에 있는 두려움이 무엇인지 진지하게 생각해보아야 한다. 말은 일시적으로 상황을 모면하게 해주지만, 진정한 성장은 행동에서 나온다. 공자는 군자가 실천을 통해 신뢰를 쌓고, 신뢰 위에 말을 세워야 한다고 가르쳤다. 즉 말은 자체로 가치 있는 것이 아니라, 행동을 통해 그 말이 뒷받침될 때 진정한 힘을 발휘한다는 것이다.

결국 말보다 행동이 앞서는 사람이 진정한 군자의 길을 걷는 것이다. 말과 행동이 일치할 때 우리는 신뢰를 얻고, 신뢰는 성공으로 이어진다. 공자의 가르침은 바로 이러한 삶의 진리를 강조했다.

진정으로 안다는 것의 의미

새로운 지식을 접할 때 내가 무엇을 모르고 있었는지를 확인하는 것이 중요하다. 공자는 『논어』에서 말했다.

"아는 것은 안다고 하고, 모르는 것은 모른다고 말하는 것이야말로 진정으로 아는 것이다."

시험을 준비할 때 오답노트가 중요한 이유는 내가 어떤 부분이 부족한지 알 수 있기 때문이다. 부족한 지식은 공부해서 채우면 되지만, 내가 어떤 부분을 모르는지 파악하지 못한다면 좋을 결과를 가져오기는 어렵다. 똑같은 문제만 맞추고 모르는 문제는 계속 틀린다면, 결국은 영원히 틀린 문제에 대한 정답을 알지 못하게 된다. 나 자신을 이해하기 위해서도 오답노트를 적용할 수 있다.

내가 뭘 가장 좋아하고 싫어하는지, 쉽게 할 수 있는 것은 무엇이고 어려워서 매번 도움이 필요한 것은 무엇인지, 똑같은 상황에서 나의 감정 패턴은 어떻게 변화하는지 등 정보를 객관적으로 알고 있다면, 부족한 부분을 채우면서 삶을 살아가는 데 도움이 될 것이다. 공자는 자신을 아는 것이야말로 현명한 자가 되는 길이라고 강조했다. 진정한 아는 것은 단순히 지식의 축적이 아니라, 스스로의 부족함을 발견하고 이를 고칠 수 있는 능력에서 비롯된다.

나에 대한 이해도가 높은 사람은 타인에게 잘 휘둘리지 않는다. 타인이 어떤 말을 해도 나 자신에 대한 이해도가 높다면 주도적으로 상황을 판단할 수 있다. 내가 나라는 학문에 대해서 세계 최고의 권위자가 되면 상황을 정확하게 파악할 수 있을 뿐만 아니라 올바른 대응을 할 수 있다. 타인의 비난은 그저 참고할 만한 관점에 불과하고, 나에게 직접적인 영향들을 최소화할 수 있다. 공자가 말한 '모르는 것을 모른다고 말하는 것'은 자기를 아는 것을 말하는 것이며, 타인의 평가에 휘둘리지 않고 스스로를 정확하게 아는 데서 오는 힘이다.

모르는 것을 인정하는 것은 용기며, 이는 오히려 지식과 지혜를 쌓는 과정에서 중요한 출발점이다. 공자는 '모른다'고 말하는 것은 불완전함을 드러내는 것이 아니라 새로운 배움과 성장을 위한 문을 여는 자세임을 일깨워준다.

우리가 살아가면서 접하는 새로운 상황이나 문제 앞에서 스스로 모른다는 사실을 인정하면, 그 부족함을 메우기 위해 노력할 수 있다. 그 반대의 경우 잘 알지 못하는 것을 아는 척하는 순간 우리는 배움의 기회를 놓치게 된다. 공자의 가르침은 자기 겸허함을 통해 인간의 성장 가능성을 강조한 것이다.

내가 잘 모르고 부족한 부분은 살면서 채워나가면 된다. 문제는 내가 알고 있다고 생각하는데 실제로는 잘 모르는 경우다. 이것은 내가 잘 모르는 것을 안다고 착각하고 있는 상태다. 공자는 자기 자신에 대한 착각이 배움의 길을 가로막는다고 보았다. 잘못된 지식을 가지고 있거나 또는 알고 있다고 생각하지만 제대로 이해하지 못한 경우가 이러한 예다. 진정한 지혜는 착각을 넘어 자신의 부족함을 정확하게 인식하고 받아들이는 데서 비롯된다.

특히 경험해보지 못한 일들을 판단할 때 착각하게 된다. 사업을 한 번도 해보지 않은 직장인이 '나는 직장 체질이기 때문에 사업을 절대로 못할 거야'라고 생각한다. 또는 '지금은 자금이 없어서 회사를 다니고 있지만 사업을 한다면 나는 무조건 성공할 거야'라고 근거 없이 판단한다. 한 번도 대화를 해보지는 않았지만 '저 사람은 분명 나를 싫어할 거야'라고 생각하거나, '나를 몇 번 만나보면 무조건 좋아하게 될 거야'라고 판단하는 것도 마찬가지다.

경험해보지 못했다면 무조건 안 된다 또는 무조건 잘 될 것이라고 판단하는 것이 아니라, '모른다'라고 표현하는 것이 더 정확하다. 공자의 말처럼 아는 것을 안다고 말하고 모르는 것을 모른다고 판단할 수 있는 경지에 이르기 위해서는 미리 판단하고 착각하는 것에 대해 경계해야 한다. 이렇게 함으로써 우리는 불필요한 오해나 잘못된 결정을 피할 수 있다.

공자는 『논어』를 통해서 현명하고 그릇이 큰 사람이 되기 위한 행동을 소개했다. 그릇이 크다는 것은 외부 상황에 쉽게 흔들리지 않는다는 의미다. 어떤 일이 일어나도 스스로에 대해서 잘 알고 있어서 자기 신뢰가 강하고, 불리한 상황에서도 자신이 할 수 있는 일을 묵묵히 한다.

자기 자신을 정확히 아는 사람은 쉽게 동요하지 않는다. 공자는 이를 통해 내면의 평정과 덕성을 유지하는 자세를 강조했다. 말만 앞세우지 않고 행동하고 실천하기 때문에, 어떤 일이 일어나도 좌절하지 않고 빠르게 대응할 수 있게 된다. 오늘 나의 그릇은 어떠한가?

"군자는 어려움 속에서도 덕을 유지하며,
혼란에 휘둘리지 않는다."

공자의 처방전 - 혼란 속에서도 흔들림 없이 나를 지켜라

Michel de Montaigne

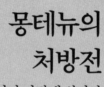

몽테뉴의
처방전
- 죽음을 선물로 여기며 나답게 살아라

10부

　인생의 후반기로 접어들수록 나답게 산다는 것은 더욱 어려운 일이 되었다. 직장에 치이고 부양해야 할 가족들을 돌보는 데 바빠서 나에게 꿈과 목표가 있었다는 것도 어느새 잊고 살아가기 때문이다.

　나를 둘러싼 환경과 사람들 속에서 스스로를 돌아볼 틈이 사라진다. 그러다보니 삶의 방향을 잃어버리게 되고, 내가 소중하게 생각했던 것들을 기억할 수 있는 에너지도 이미 소진되어 버렸다.

　프랑스의 철학가인 미셸 드 몽테뉴는 온전하게 자기 자신으로 살아가는 것이 어떤 것인지에 대해 평생을 걸쳐 고민했다.

몽테뉴는 『수상록』에서 다음과 같이 말했다.

"나는 인생이 빨리 달아나는 것을 빨리 잡아서 멈추게 하고 싶다. 그리고 인생을 정력 있게 사용함으로써 그 빠르게 흘러가는 것을 보충하며, 삶의 소유가 더 짧아짐에 따라 인생을 더 심오하고 충만하게 만들어놓아야 한다."

16세기의 프랑스는 폭력과 혼돈으로 가득했다. 가톨릭과 개신교 간의 전쟁 속에서 수천 명이 죽고, 민중 봉기로 수백 명이 잔인하게 처형당했으며, 전염병이 도시를 휩쓸었다. 지상에 안전이라고는 찾을 수 없는 혼란 속에서 몽테뉴는 자신의 내면을 들여다보는 작업을 했다.

몽테뉴는 당시 프랑스에서 인정받았던 판사라는 직업을 39세의 나이에 그만두고 자신만의 공간으로 들어가서 평생을 나답게 살아가는 것이 무엇인지에 대한 답을 찾기 위한 연구를 해서 『수상록』을 집필했다. 몽테뉴의 글은 셰익스피어, 베이컨, 니체 등 수많은 철학자와 작가에게 영감을 주었다. 특히 그의 생각은 '어떻게 하면 나답게 살 수 있을지'에 대해 귀중한 방향을 제공했다.

나는 언젠가
반드시 죽는다

몽테뉴는 『수상록』에서 말했다.

"당신의 죽음은 이 세상 질서의 한 조각이자 세계의 생의 한 조각이다. 태어난 첫날부터 그대는 삶을 사는 동시에 죽음을 사는 것이다."

몽테뉴는 그의 눈앞에서 일어난 몇몇의 비극적인 사건을 통해서 인간이 '죽어가는 존재'라는 것을 일찍이 깨달았다. 그가 서른 살이 되던 해에 평생의 친구라고 생각했던 라보에시는 페스트(흑사병)로 사망했다. 서른다섯 살에는 그의 삶에 큰 영향을 미쳤던 아버지가 돌아가셨고, 1년 뒤 남동생 아르노가 뇌출혈로 사망했다. 연이어 몽테뉴도 낙마 사고로 크게 다쳐서 죽음의 문턱까지 갔다가 살아났다.

몽테뉴가 열다섯 살이었을 때 그가 살던 보르도에서 수백 명의 사람이 죽어가는 것을 목격했다. 세금 문제로 발발한 민중 봉기가 잔인한 폭력을 통해서 진압되었기 때문이다. 수백 명의 사람이 교수형으로 죽고, 말뚝에 박혀 죽고, 바퀴에 매달려 잔인하게 죽었다. 그래서 몽테뉴가 목격한 죽음에 대한 첫 번째 생각은 죽음에 대해 인정하는 것이었다.

나를 비롯한 이 세상의 모든 생명체는 죽음이라는 끝이 있다. 모두가 공평하게 죽음이라는 끝이 주어진 상태로 현재를 살아간다. 직업이 있든지 없든지, 부유하든지 가난하든지 상관없이 인간은 언제 죽을지 알 수 없는 불안정한 삶을 살고 있다. 평온한 삶을 살아가다가 어느 날 갑자기 말기 암 판정을 받아 죽을 수도 있고, 예상하지 못했던 원인불명의 심장질환으로 갑자기 죽을 수도 있다. 집에 돌아가는 길에 자연재해를 만나게 되어 오늘이 인생의 마지막 날이 될 수도 있다. 죽음은 그렇게 갑자기 닥쳐온다.

죽음이라는 자연법칙은 모든 생명체에게 '인생은 유한하며 불확실하다'고 말해준다. 사람들에게 죽음에 대해 생각해보라고 하면 대부분 꺼림칙한 반응을 보인다. 죽음이란 불길하고 좋지 않은 것이라 여기면서 떠올리지 않고 살아가기를 원하기 때문이다. 하지만 죽음은 인생의 많은 것을 깨닫게 해준다.

몽테뉴는 『수상록』에서 말했다.

"죽음에 이르는 순간 마침내 진실한 말들이 마음 깊숙한 곳에서 터져 나온다. 가면이 벗겨지고 사람이 남는다."

우리는 얼마나 솔직한 인생을 살아갈 수 있을까? 다른 사람에게도 솔직하기가 어렵지만 스스로에게도 솔직한 인생을 살아가기란 쉽지 않다. 나에게 소중한 것이 어떤 것인지 어렴풋

이 알고 있으면서도 여러 가지 이유로 무시하면서 바쁘게 살아간다. 가족들에게 사랑한다고 말하는 것이 필요하다고 생각하지만 실행을 미룬다. 인생에 큰 도움을 주었던 사람들을 만나 감사의 말을 전하는 것도 나중에 기회가 되면 하겠다고 생각만 한다.

아침에 일찍 일어나서 운동하기, 배우자에게 사랑한다고 말하기, 서점에서 좋아하는 책을 구매하기 등과 같이 나를 행복하게 하는 것들을 잘 알고 있지만 실천하지 않는다. 평소에 꿈꿔왔던 곳으로 떠나고 싶은 마음을 억누르면서 하루를 살아간다. 내가 좋아하고 소중하게 생각하는 것들을 눈앞에서 먼 미래로 밀어버리고 있다.

인생에서 진짜 나의 모습을 외면하고 무시한 채 나에게 닥친 일에만 연연하며 솔직하지 못한 삶을 살아간다. 하지만 당장 내일 죽는다고 생각한다면 언젠가는 하겠다고 미뤄두었던 소중한 일들을 지금 당장 해야 한다는 의지가 생길 것이다.

톨스토이의 소설 『이반일리치의 죽음』에서 주인공 이반 일리치 역시 자신이 죽는다는 사실을 깨달은 후 인생에 대한 관점이 완전히 달라졌다.

이반 일리치는 러시아 제국의 법관으로, 사회적 성공을 이루었고 물질적으로도 넉넉한 삶을 살고 있었다. 그러던 어느 날 복부의 통증과 함께 그는 자신이 죽을병에 걸렸다는 사실을 알게 된다. 죽음은 자신이 살아온 삶을 허무하고 의미가 없게 만든다는 것을 느꼈다. 왜냐하면 죽음 앞에서는 그가 누리던 사회적 지위, 명성, 물질적 부를 추구하는 삶은 겉만 화려할 뿐 아무 의미가 없는 것이기 때문이다. 또한 죽음을 맞이하는 과정에서 자신의 인간관계가 진짜가 아니었음을 깨닫기도 한다. 가족, 친구, 동료들이 그에게 진정한 애정을 가지고 대하지 않았다는 것을 깨닫는다. 아내는 그가 빨리 죽기만을 바라고 있었고, 직장 동료들은 그가 죽은 뒤 그의 자리를 누가 차지할 것인지에만 관심을 가졌다. 그를 치료하는 의사들도 이반 일리치의 병을 의학적 이론으로만 접근할 뿐이었다.

이반 일리치는 죽음 앞에서 자신의 삶이 잘못된 방향으로 흘러왔음을 뼈저리게 깨닫고 깊은 절망감을 느꼈다. 죽음이 다가올수록 진정한 삶이 무엇인지 자신에게 계속해서 묻게 된다. 그리고 그는 자신이 진정으로 가치 있는 삶은 살지 않았다는 결론에 다다른다. 그는 항상 남들의 기대에 맞추어 살았으며, 사회적 성공을 추구했지만 그것이 진정한 행복이나 삶의 의미를 가져다주지 않았음을 깨달았다.

'내가 결국은 죽는다'는 생각은 나의 삶에 중요한 질문을 던진다. 죽음 앞에서 내가 지금 하고 있는 것들이 정말 의미 있는 것인가를 생각하고, 나에게 중요한 일들을 실천하라고 알려준다. 죽음까지 흘러가기 전에 지금 당장 나에게 중요한 일부터 시작하라고 재촉하게 된다.

죽음은 내가 어떻게 살아가야 할지를 알려준다. 그리고 죽음은 지금 이 순간이 얼마나 소중한지를 깨닫게 해준다. 몽테뉴는 "사람에게 죽는 법을 가르치는 것은 곧 사는 법을 가르치는 것이다"라고 말했다. 나에게 죽음이 언제 예고되어 있는지 모르기 때문에 지금 살아가는 순간을 온전히 누려야만 한다. 그래서 몽테뉴는 『수상록』에서 지금 이 순간을 즐기라고 강조했다.

"나는 춤을 출 때 춤만 춘다. 잠을 잘 때는 잠만 잔다. 과수원을 홀로 거닐다가 잠시라도 딴 생각을 하게 되면 내 생각을 바로잡아 다시 그 과수원에서 산책으로, 그 고독의 감미로움으로 그리고 나에게로 돌려놓는다."

인간은 현재만 살아갈 수 있는 존재다. 지금 이 순간이 지나면 되돌릴 수 없는 과거가 되고, 다음 순간이 나에게 주어질 뿐이다. 눈앞에 있는 것과 지금 해야 하는 일에 집중하는 것이 인생을 즐길 수 있는 방법이다.

아침 일찍 산책을 하면서 지나치는 풍경을 바라보고, 싱그러운 공기와 습도에 감각을 집중하다 보면 찾아오는 평온함이 인생에 큰 행복이 된다.

지금 나에게 주어진 일에 몰입하는 것도 순간을 즐기는 방법 중 하나다. 그리고 현재에 몰입하는 순간이 쌓여 미래의 나에게 주는 선물이 된다. 현재에 집중함으로써 만들어진 결과물에 따라 성취감도 얻을 수 있고, 경험이 쌓이면서 성장하는 내가 되는 것이다.

몽테뉴는 『수상록』에서 말했다.

"나에게 주어진 것들에 그저 집중한다. 자야 할 시간이 되면 잠을 자며, 산책을 할 때는 소리와 눈에 보이는 것들 느껴지는 감각들에 온 신경을 기울인다. 나에게 어떤 업무가 주어졌을 때 온전히 몰입한다. 충실하게 보낸 현재들이 모여서 행복하고 즐거운 인생이 만들어진다."

하지만 우리는 과거에 묶이고 미래에 현혹되어 지금 이 순간에 집중하지 못한다. 마치 손에 가득 담은 모래가 손가락 사이를 빠져 나가듯이 현재를 흘려보낸다. 과거의 일에 대한 후회와 아직 오지 않는 미래에 대한 상상으로, 머릿속은 현재에 집중할 시간이 없다. 과거의 실수나 되돌릴 수 없는 선택을 곱씹으며 후회하기도 한다. 복권에 당첨돼서 호화로운 삶을 살고 있는 미래를 그려보기도 하고, 목표를 이룬 후에 기쁨을 누리고 있는 내 모습을 상상하기도 한다. 나의 머릿속은 과거와 미래에 대한 불안, 두려움, 걱정이나 욕망으로 가득 차서 눈앞에 펼쳐진 현재를 온전히 누리지 못하게 한다. 불안에 휩싸여서 지금 해야 할 일을 하지 못하게 하거나 피하게 한다. 나의 욕망이 만들어낸 기대감으로 머릿속으로 상상만 할 뿐 어떤 노력도 하지 않는다. 그렇게 현재의 나를 망치고 스스로가 불행해지는 길을 선택한다.

몽테뉴는 『수상록』에서 말했다.

"우리는 현재를 충실히 살아가지 못하고 언제나 그 너머를 향해 있다. 두려움과 욕망 그리고 기대는 우리를 미래로 내던져 앞날을 그려보는 즐거움을 빼앗기고 미처 깨닫기도 전에 현재의 시간을 흘려보내게 만든다."

자기 자신으로서 살아가야 한다

현재를 즐기는 동시에 가장 집중해야 하는 대상은 바로 나자신이다. 인생은 나의 것이고 살아낼 수 있는 것은 온전히 나자신뿐이다. 결국 인생이란 얼마나 나답게 살아갈 수 있는가에 달려 있다. 내가 즐겁다면 즐거운 인생이 될 수 있고, 슬프다면 그저 슬픈 인생이 된다.

몽테뉴는 『수상록』에서 인생을 자기 자신으로서 살아가야 한다고 강조했다.

"이제 남아 있는 인생만큼은 자신을 위해 살자."

나 자신으로 살아간다는 것은 완벽한 내가 되어서 살아간다는 의미가 결코 아니다. 몽테뉴는 인간이란 불완전하고 한계가 있는 존재라고 보았다. 인간은 때때로 비합리적이고 모순적이며, 실수를 반복하는 존재다. 하지만 그는 이 불완전함이 인간의 본질이라고 생각했다. 몽테뉴는 인간은 스스로를 비판적으로 성찰하고, 자신의 한계를 인정하며, 그 안에서 자유롭게 살아가는 것이 중요하다고 말했다. 그는 자신을 개선하려는 시도가 아닌, 자신의 본성과 조화를 이루는 삶을 추구했다.

몽테뉴는 『수상록』에서 말했다.

"세상에서 가장 위대한 일은 자기 자신을 아는 것이다."

자아를 발견하고 수용하는 것이야말로 인간이 타인의 기대나 사회적 기준에 얽매이지 않고, 진정한 자아로 살아가는 길이라고 보았다. 그에게 타인이나 사회의 기대는 외부적 요소에 불과하며, 진정한 자아는 스스로 내면을 돌아보며 발견해야 하는 것이다. 즉 자기 자신으로 살아가는 것은 타인의 시선이나 판단에 의해 자신을 규정하지 않고, 스스로의 기준과 가치에 따라 사는 것을 의미한다.

몽테뉴의 철학을 현대적으로 적용한다면, 자신을 있는 그대로 받아들이는 것이 필요하다. 이는 자기 자신을 타인과 비교하지 않고, 자신의 고유한 강점과 약점을 인정하며, 자신에게 맞는 삶의 방식을 선택하는 것이다. 어떤 사람은 창의적인 일을 좋아하고, 어떤 사람은 다른 사람들과의 교류를 중요시할 수 있다. 각각의 차이를 인정하고 자신에게 맞는 길을 찾는 것이 자기 자신으로 살아가는 길이다.

나의 인생을 살아가기 위해서는 스스로를 누구보다 잘 이해해야 한다. 그래서 스스로에게 나다운 삶이란 어떤 것인지 질문해보는 시간이 필요하다. 그리고 나에게 집중하면서 새로운 상황과 사람에게 어떻게 반응하고, 내면에는 어떤 변화가 일어나는지 알아차려야 한다. 그렇게 단단하게 성장한다면 누군가에게 쉽게 흔들리지 않고 언제나 자유로운 사람이 될 수 있다.

최근에 늘어나고 있는 '미니멀리스트'들의 생활 방식도 나다운 인생의 고민 끝에 나온 것이다. 물질적 성공과 소비를 강조하는 현대사회에서, 적게 소유하고 간소한 삶을 지향하는 미니멀리스트들은 외부적 기준에 얽매이지 않고, 자기 자신에게 중요한 것들에 집중하는 삶을 선택했다. 이는 자신에게 진정한 의미가 있는 가치를 중심으로 삶을 살아가는 방식으로, 몽테뉴가 말하는 나 자신을 있는 그대로 바라보고 인정하는 것과 맞닿아 있다.

내가 나를 잘 이해하고 있기 때문에 누군가 나를 비난하고 거짓으로 다가와도 큰 영향을 받지 않는다. 내가 무엇을 좋아하는지 정확하게 알고 있기 때문에 어떻게 하면 즐거워질 수 있는지도 잘 알고 있다. 나라는 사람에 대한 이해를 바탕으로 '즐거운 인생'을 완성해나간다.

몽테뉴는 자기 자신을 이해하기 위해 혼자만의 공간에서 생각하고 글을 완성했다. 나로 살아가는 순간들로 채워진 하루가 모여 인생이 완성되고, 그렇게 매일 하루를 보내다 보면 내 삶이 끝나는 순간조차 의미 있게 맞이할 수 있을 것이다.

"태어난 첫날부터 그대는
삶을 사는 동시에 죽음을 사는 것이다."

Martin
Heidegger

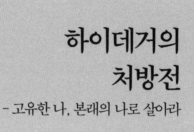

하이데거의
처방전

- 고유한 나, 본래의 나로 살아라

11부

　모두가 잠든 밤, 오롯이 혼자만의 시간을 갖게 될 때가 있다. 어둠으로 가득한 밖을 바라보면서 소파에 앉아 있으면, 이 집에는 아무 소리도 들리지 않는다. 그렇게 혼자 있는 시간은 온전하게 내면의 나를 만나는 시간이 될 수 있다. 나의 일상을 가득 채우고 있는 가족이나 직장 동료 친구들의 영향에서 벗어나서 온전히 나의 소리를 듣는 시간이다.

　나의 내면으로 들어갈 때 '나는 삶을 어떻게 살아가야 할까?'라고 스스로에게 질문하게 된다. 삶이 때로는 무의미하고 허무하게 느껴지기도 하고, 마냥 즐겁고 행복하게 느껴지기도 한다. 그렇지만 우리는 어떤 상황이 찾아와도 나만의 삶을 살고자 한다.

고유한
나의 삶

마르틴 하이데거는 『존재와 시간』에서 말했다.

"존재는 언제나 나의 것이다."

단 한순간도 누군가와 겹칠 수 없는 매우 고귀하고 소중한 나만의 삶이 각자의 인생마다 다르게 펼쳐진다. 인생 중반, 40년이 넘게 살아온 인생의 이야기는 어떤 사람도 동일하지 않다. 심지어 엄마 뱃속에서 같이 태어난 쌍둥이의 인생도 전혀 다르게 흘러가는데 각자 사람들의 이야기, 그들이 겪은 경험은 모두가 고유하다. 하이데거는 나만의 삶에서 각각의 고유한 것을 '존재'라고 표현했다.

하이데거는 인간이 태어나자마자 완성된 존재가 아니라, 끊임없이 만들어지고 성장하고 무언가가 되는 존재라고 말했다. 인간은 고정된 본질을 가진 존재가 아니라, 자신의 가능성을 향해 끊임없이 변화하고 성장하는 존재임을 설명한 것이다.

우리는 인생을 통해서 수많은 선택을 하고, 선택을 통해 다양한 경험을 하게 된다. 삶의 과거로부터 수많은 경험들이 스쳐 지나갔고, 지금도 계속해서 새로운 경험을 쌓고 있다. 그리고 경험에 따른 감정들이 나를 찾아온다.

하이데거는 『존재와 시간』에서 말했다.

"존재는 눈에 단순히 보이거나 그 자리에 있는 것이 아니다. 존재는 언제나 사람들에게 자신을 드러내고 있으며, 우리가 그것을 이해하려고 할 때 비로소 그 의미를 알 수 있게 된다."

지금까지 보고 듣고 느낌으로써 이루어진 것들이 내 안에 셀 수 없이 많다. 내 안에 모든 것을 무언가로 규정한다는 것은 불가능하다. 하나의 단어, 몇 가지의 얄팍한 문장으로 설명할 수 없는 성스러움을 갖고 있다.

결혼을 하고 떠났던 신혼여행에서 누렸던 사랑이라는 감정과 행복감 그리고 새로운 시작에 대한 설렘은 다시는 경험할 수 없는 성질의 감정이었다. 아기가 태어나고 처음으로 마주했던 그 순간, 아기가 혼자서 앉고 일어서던 순간에 느꼈던 벅찬 감정은 도저히 설명할 수 없다. 다시 그 감정을 느끼려고 해도 다시는 느낄 수 없는 성질의 감정인 것이다. 그 순간 인생의 경이로움을 느끼게 된다.

이것 자체가 바로 나의 인생이고, 하이데거가 말하는 '존재'다. 하이데거는 존재를 말과 글로 표현할 수 없고 설명할 수도 없기 때문에 인간의 존재에 대해서 경이로움을 느낄 수 있다고 말했다.

삶의 경이로움을
망치는 '비교'

하이데거는 『기술에 대한 물음』에서 말했다.

"존재 그 자체에 대한 경이로움은, 우리의 일상 속에서 잊히고 있다."

우리는 삶의 경이로움을 잘 느끼지 못할 때가 많다. 그 이유는 무엇일까? 하이데거는 "인간은 일상적으로 격차에 대한 우려에 사로잡혀 있다"라고 말했다.

다른 사람들과 나를 끊임없이 비교하면서 살아간다. 한국인의 평균 소득이 얼마나 되는지, 자산 수준은 어떤지를 나열한 콘텐츠가 인기 있다.

남들과 나를 비교하면서 내가 어느 정도에 위치해 있는지, 내 위와 아래에는 얼마나 많은 사람들이 있는지를 궁금해한다. 팔로워는 몇 명이고 받은 하트 수는 얼마나 되는지도 비교해본다. 돈이나 사회적 지위 등의 가치를 중심으로 타인과 나 사이에 누가 더 나은지 알고 싶어 한다. 그러다가 나보다 비교 우위에 사람들을 보면 자신도 모르게 열등감을 느끼게 된다. 분명 스스로의 힘으로 얻은 것이 아닐 것이라고 짐작하며 나를 위로해보기도 하지만 또 다른 비교항목을 찾아서 다시 열등감을 느끼기도 한다.

열등감은 직장 동료, 동네 주민, 각종 모임에서 만난 사람과 같이 나의 주변 사람들을 향하기도 한다. 내가 주변 사람들보다 뒤떨어진다고 느끼면 어떻게든 격차를 줄이고 싶어 한다. 그들이 좋은 아파트에 살고 있으면 무리해서라도 그 정도 수준의 집을 갖고 싶어 하고, 그들의 외제차를 보면 나도 따라서 사고 싶어진다. 반대로 평소에 나보다 잘 살지 못한다고 생각한 사람들이 나의 위치로 쫓아오면 그 격차를 벌리고 싶어 한다. 그렇게 나를 비롯한 우리는 비교의식에 휩싸여서 살아가고 있다.

사람들은 서로를 향해 질투하고 강하게 의식하면서 살아간다. 호의라는 이름으로 서로를 위한다고 하지만 속으로는 나보다 못한 사람들을 보면서 강한 우월감을 느끼게 된다.

하이데거는 『존재와 시간』에서 말했다.

"인간은 타인과 일상 속에서 자신의 본래적인 자아를 잃어버린다."

하이데거는 타인을 의식하면서 살아가는 삶이 과연 나만의 생각과 행동을 끌어가는 고유한 삶을 살아가고 있다고 말할 수 있는 것인지 의문을 던진다. 누군가와 나를 비교할 때 기준으로 생각하는 돈과 명예는 세상이 나에게 가르쳐준 가치일 뿐 내가 선택한 가치가 아니다. 학교나 가정 그리고 미디어 등이 나에게 집어넣은 것들이다. 그래서 하이데거는 "끊임없이 남들과 비교하는 삶이란 내가 삶의 주체로 살아가는 삶이 아니다"라고 말했다.

좋은 대학에 입학하고, 좋은 회사에 입사해서 고액의 연봉을 받고, 의사 같은 전문직을 갖는 것이 인간이 도달할 수 있는 최고의 모습이라고 생각하기 때문에 우리는 쉽게 나의 삶을 성공적으로 완성시킬 수 있다고 생각한다.

하이데거는 세상의 가치를 자신의 고유한 가능성으로 착각하면서 사는 삶의 방식을 '비본래적인 실존'이라고 말한다. 그리고 비본래적 실존을 사는 사람은 진정한 의미로서의 나를 잃어버리고 세상의 가치에 스스로를 맞추는 사람이라는 의미에서 '세상 속 인간' 또는 '세상 사람'이라고 표현했다.

세상 사람은 수많은 사람의 의지와 욕망과 생각이 뒤섞인 존재다. 내가 스스로 어떤 행동을 한다고 생각하지만 사실 다른 사람들의 힘에 떠밀려서 행동하는 것이다. 남의 눈치를 보면서 억지웃음을 짓거나 좋지도 않으면서 좋다고 말하는 행위들이 포함된다. 내가 어떤 것을 원한다고 생각하지만 다른 사람들이 욕망하는 것을 원하고 있다.

평소에 나는 와인에 대해 관심이 없었다. 하지만 소셜 미디어에 많은 사람들이 와인 사진을 업로드하고 와인으로 유명한 가게들이 생겨나면서 나도 한번 마셔보고 싶다는 생각이 들었다. 세상에 유행했다가 사라지는 과자나 술, 음식들은 그렇게 다른 사람들의 욕망을 따라가다 보니 생기는 현상들이다. 현재 유행하고 있는 것들은 모두 다른 사람들을 따라 하고 싶은 욕망으로부터 생겨난다.

내가 생각하고 말하는 것들이 사실은 내 안에 가득 차 있는 다른 사람들의 생각과 언어를 따라 하고 있는 것이다. 다른 사람에게 영향을 받고 남들을 따라하는 것은 선택의 문제가 아니다. 누구나 살다 보면 자연스럽게 세상 속 사람으로서의 삶을 살아간다.

하이데거는 세상 사람으로서의 삶에서 벗어나야 한다고 말한다. 그 이유는 고유하게 자체로 빛날 수 있는 나의 존재가 다른 사람들이 평가하는 대상으로 몰락해버리면 안 되기 때문이다. 평가의 대상이 되면 누군가 나를 인정해야만 훌륭해질 수 있다. 누군가 나를 별로인 사람이라고 평가하면 그 순간 나는 보잘것없는 존재가 되어버린다.

사람들은 재산이 늘고 승진을 하는 등 삶에 행운이 찾아온 것 같은 특정 사건이 있을 때만 기쁨을 느낀다. 이 바탕에는 비교의식이 강하게 작용한다. 남들은 가난해지는데 나는 부자가 되는 것 같은 비교 섞인 우월감이 기쁨의 감정으로 작용하는 것이다.

나는 존재 자체로 기쁨을 느낄 수 있는데, 승진이나 돈이 많아야 하는 것처럼 어떤 조건이 발동해야만 삶이 충만해진다고 생각한다. 남들이 원하는 것에 몰입해 자신에 대해서 소홀해지고 결국에는 내 존재를 자꾸 놓치게 된다.

죽음을
떠올려라

하이데거는 『존재와 시간』에서 말했다.

"죽음을 향한 존재란 현존재의 고유한 존재 가능성으로서, 그것은 자신의 존재에 대해 절대적으로 중요한 문제다."

그렇다면 내 본래의 존재를 온전하게 느끼려면 어떻게 해야 할까? 하이데거는 '죽음'이 그 열쇠라고 말한다. 하이데거는 "나 자신이 죽는다는 것을 나 홀로 감당해야 한다. 죽음은 하나의 탁월한 존재 가능성을 의미하며, 그 가능성 안에서 나의 본래적인 존재가 드러난다"라고 말했다.

죽음은 오직 나 혼자서 겪어야 하는 경험이다. 그 누구도 나를 대신해서 죽을 수는 없다. 나 혼자서 짊어져야 하고 죽는다는 것을 나 홀로 받아들여야 한다. 나의 죽음은 온전히 나의 몫이다. 죽음은 피할 수 없기 때문에 나의 삶에서 반드시 일어나게 될 일이다. 그런 죽음을 내가 어떻게 받아들일지는 온전히 나에게 달려 있다.

일반적으로 사람들에게 죽음이란 것은 매우 낯선 생각들이다. 사람은 언젠가는 죽지만 그것이 언제 찾아올지 알 수 없고, 지금 당장 죽는 것은 아니기 때문이다. 그리고 나의 죽음은 그 누구도 겪어본 적이 없다. 그래서 죽음에 대해서는 깊게 생각하지 않는다. 마치 평생을 죽지 않고 살아갈 것처럼 죽음에 대해 잊어버린 채 살아간다. 그러다 갑자기 죽음을 진지하게 생각해보는 순간이 찾아온다. 가까운 사람의 죽음을 경험하거나 나의 건강이 악화되는 등 어떤 사건들이 생겨서 '내가 죽을 수도 있겠구나'라는 생각이 떠오른다.

하이데거는 이런 생각을 '죽음을 향해 앞질러 달려가봄'이라고 표현했다. 죽음을 향해 앞질러 달려가보면서 나의 본래적인 존재가 드러난다고 말했다.

지금 나를 괴롭히는 문제들을 떠올려본다. 만약 내가 1년 뒤에 죽는다고 생각한다면 그 문제가 여전히 나를 괴롭히는

하이데거의 처방전 - 고유한 나, 본래의 나로 살아라

문제로 떠오를까? 그렇게 집착했던 돈과 명예는 어떨까? 죽기 전 남은 1년 동안에도 열심히 돈을 벌면서 살아갈까? 어쩌면 돈이라는 것은 그저 생존하기 위한 수단 정도일 뿐 내 삶에서 궁극적으로 추구해야 할 목표가 아니라는 것을 느끼게 될지도 모른다.

이렇게 '나는 언젠가는 죽을 것이다'라는 것을 깊이 깨닫는 순간, 삶을 다른 각도로 바라볼 수 있는 가능성이 생긴다. 인생에 우선순위가 완전히 바뀌고 삶이 전혀 다르게 느껴질 수도 있다. 그래서 하이데거는 "죽음을 향해 앞질러 달려가보는 경험을 통해서 본래의 나의 모습을 생각해볼 수 있는 가능성을 얻게 된다"라고 이야기했다.

내가 영원히 살 수 없다는 사실을 깨달았을 때 크게 달라지는 것은 시간에 대한 의미일 것이다. 1년 뒤에 죽는다고 생각했을 때 나에게 남은 1년은 지금까지의 시간과는 전혀 다르게 느껴진다.

그동안 나에게 1년이라는 시간은 아무런 의미 없이 지낸 그저 그런 12개월이었을 수 있다. 아침에 일어나서 식사를 하고, 아무 생각 없이 출근하고 퇴근하고, 사람들과 무의미한 대화를 나누고, 다시 집에 들어와서 저녁 식사를 하고 잠자리에 든다.

그렇게 흘러가듯이 살아가면서 사람들이 좋다고 하는 것에 관심을 보이며 따라 하기 급급한 시간을 보냈을 것이다.

하지만 내가 1년 뒤에 죽는다면 정말 하고 싶은 것들을 찾고, 남은 시간을 가득 채우기 위해 노력할 것이다. 세상에 널려 있는 가치들 때문에 얼룩져서 전혀 보이지 않았던 본래 나의 모습들을 찾게 될 것이다. 그렇게 죽음은 내 인생에 위대한 에너지를 선물하기도 한다.

세비야에서 대주교를 지낸 이시도르는 "내일 죽을 것처럼 오늘을 살라"는 말을 남겼다. 죽음의 순간은 언제 올지 모르기 때문에 하루하루를 후회 없이 온전한 나 자신으로 살아가야 한다. 내가 죽는다는 것을 깨닫는다면 삶에서 두려운 것이 사라질 것이다. 나를 괴롭히는 인간관계나 경제적 문제 등은 죽음이라는 생각 앞에서 그저 사소한 일들에 불과하다. 죽음의 길은 삶에 끝이 있다는 것을 인지하고, 홀로 꿋꿋하게 걸어가는 길이기 때문에 돈이나 명예 같은 것은 아무런 의미를 주지 못한다.

내가 정말 원하는 것을 찾고 본래의 나라는 존재가 원하는 것들을 치열하게 추구해야 한다. 다른 사람이 어떤 것을 하고 어떤 삶을 사는지가 중요한 것이 아니다. 오로지 내가 중요하게 여기는 것들에만 집중해야 한다.

하이데거의 처방전 - 고유한 나, 본래의 나로 살아라

이렇게 죽음은 본래의 나로 살아가게 될 가능성을 열어준다. 물론 현대사회에서 다른 사람들의 영향으로부터 자유로워져서 온전하게 나 자신으로 살아간다는 것은 쉬운 일이 아니다. 하지만 적어도 내 인생에서 중요한 것이 무엇이고 이를 위해서 어떻게 살아야 할지에 대한 관점은 얻을 수 있다.

하이데거가 말했듯이 나라는 사람은 다른 사람들의 욕망과 생각들로 뒤섞여 있다. 이를 피할 수는 없다. 소셜 미디어나 인터넷, 유튜브에 노출된 사회에서 살아가는 것은 다른 사람들의 욕망을 따라 하기 쉽다. 그래서 본래의 나를 찾아 살아간다는 것은 매우 어려운 일이다.

하지만 내가 어떻게 살아가던 결국 나의 인생에는 완전한 고독에 이르는 '죽음'이라는 끝이 정해져 있다. 인생에서 가장 중요한 것은 무엇인지 돌이켜보고 기억하면서 살아가야 한다.

"인간은 타인과 일상 속에서
자신의 본래적인 자아를 잃어버린다."

Erich
Fromm

에리히 프롬의
처방전
- 외롭다면 창작하고 나를 사랑하라

인생의 중반을 향해 달려갈수록 외로움이 찾아오는 시간이 늘어난다. 외로움은 예상하지 못한 순간에 갑자기 찾아온다. 주변에는 항상 가족과 친구들이 있지만 그렇다고 외로움이 나의 삶을 떠나는 것은 아니다. 모임 후에 집에 돌아오면 나도 모르게 쓸쓸한 기분이 들기도 한다.

가끔씩 찾아오는 외로움을 느낄 때면 어떻게 해야 할지 난감할 때가 있다. 그래서 혼자 있는 시간보다는 사람들을 만나려고 해본다. 소셜 미디어 속 지인들의 삶을 보면서 유대관계를 느껴보기도 한다. 에리히 프롬은 인간이 느끼는 외로움에 대해 자신만의 관점으로 설명한다. 그는 "역설적으로 혼자 살아갈 수 있어야 외로움을 극복할 수 있다"라고 말했다. 그의 생각을 통해서 우리는 왜 외로울 수밖에 없고 어떻게 해야 인생을 잘 살아갈 수 있을지 알아보자.

우리가
외로운 이유

프롬은 『자유로부터의 도피』에서 말했다.

"인간은 지루해질 수 있는 유일한 동물이고, 불만족스러워할 수 있는 유일한 존재며, 자신이 환경과 다른 생명체들로부터 분리되었다는 느낌을 가질 수 있는 유일한 존재다."

나의 인생은 오직 나만의 것이기 때문에 철저히 혼자의 삶을 살아갈 수밖에 없다. 나는 지금 머릿속으로 어떤 생각을 하고 있다. 내가 무슨 생각을 하고 있는지는 오로지 나만 알 수 있다. 맛있는 식사를 하고 있다. 음식의 맛이 주는 경험도 온전히 나의 것이다. 나의 경험과 생각을 누군가에게 전달하더라도 나와 똑같이 생각하고 느낄 수는 없다.

그렇게 나와 타인은 완벽하게 분리되어 있다. 수십 년을 함께 살아온 가족도 마찬가지다. 내가 가장 가깝고 잘 알고 있다고 생각했던 가족들조차 알고 보면 내가 모르는 부분이 많다. 지금 어떤 생각을 하고 있고 어떤 경험을 하고 있는지 정확하게 알 수 없다.

나는 나만의 문제가 있고 타인은 각자의 문제와 다양한 조건에서 살아가고 있다. 문제 속에서 발생하는 감정들은 온전히 나만의 것이다. 내 상황과 감정을 타인이 완벽하게 아는 것은 불가능하다. 그래서 우리는 외로움을 느낄 수밖에 없다.

프롬은 "인간이 갖고 있는 자유가 외로움을 더 증폭시킨다"라고 말했다. 부모에게서 벗어나면 인간은 스스로 선택해야 하는 삶을 살게 된다. 선택에는 자유가 있지만 선택의 결과에 대한 책임은 온전히 내가 짊어져야만 한다.

성인이 되기 전에는 부모라는 의존 대상이 있었지만 성인이 되면 인생에서 내가 선택하고 책임져야 하는 것들만 남는다. 회사를 창업한 사장은 기업에서 일어나는 모든 책임을 홀로 떠안아야 하기 때문에 외롭다. 내 인생도 내가 최종적으로 선택하고 책임져야 하기 때문에 외롭다.

인생이 안정적이고 평안하다면 삶에서 선택하는 것들이 덜 무겁게 느껴질 수도 있다. 하지만 인생이란 막연하고 불확실한 것이다. 당장 내년에 내가 어디에서 무엇을 하고 있을지, 나에게 어떤 문제가 생길지는 전혀 알 수 없다. 오늘을 무사히 넘어간다고 해도 내일 당장 무너질 수 있다.

물론 인생에는 죽음이라는 확실한 결론이 있다. 하지만 죽음이 언제, 어떻게 나에게 다가올지는 예상할 수 없다. 그래서 삶은 그저 막연할 뿐이다. 사람은 누구나 죽는다는 것을 알고 있기 때문에 지금 당장 일을 그만두고 버킷리스트를 채우는 삶을 살고 싶기도 하다. 삶이 끝나면 모든 것이 소용없기 때문이다. 하지만 내가 언제까지 살지는 모르는 일이기 때문에 지금까지 모아놓은 재산이 있더라도 회사를 그만두는 선택이 경제적인 빈곤으로 이어질 수 있다. 이런 불확실성 때문에 삶의 변화를 주는 것이 쉽지 않다. 그리고 이러한 삶의 고민들은 내 머릿속에서만 일어난다. 주변 사람들에게 고민을 털어놓고 조언을 얻기도 하겠지만 결국 모든 것은 나의 선택이고, 그 결과는 스스로가 책임져야 한다.

앞으로 나에게 어떤 일이 생길지 모른다는 것은 장점이 될 수도 있다. 삶에서 결정된 것이 없기 때문에 생각지도 못한 좋은 일들이 일어날 수도 있다. 내가 결정했던 선택의 결과가 지금보다 나의 삶을 풍요롭고 행복하게 만들 수도 있다.

내가 죽는 날까지 모든 것이 결정되어 있는 삶을 살아야 한다면 지루하고 힘든 삶이 될 수도 있다. 내가 선택해서 만들어가는 자유로운 삶이 아니므로 감옥과도 같이 숨 막히는 시간들만 이어질 수도 있다. 인생이라는 여정을 나의 선택들로 채워가기 때문에 나만의 이야기들을 만들 수 있는 것이다. 비록 그 여정에 외로움이 있겠지만 그만큼 삶은 선택의 자유로 가득하다.

삶이 자유로운 만큼 우리는 불확실한 하루하루를 살아가게 된다. 그래서 프롬은 "인간이 성인이 된다는 것은 불확실한 사회로 내던져지는 일이다"라고 강조했다.

프롬은 『자유로부터의 도피』에서 말했다.

"인간은 혼자다. 왜냐하면 그는 인간이기 때문이다. 그는 자신이 고립된 존재로서 다른 사람들과 자연으로부터 분리되어 있음을 자각하기 때문이다."

내 인생에서 선택과 책임은 온전히 나에게 있기 때문에 외로운 삶을 살아가게 되고, 삶이 막연하고 불확실하기 때문에 외로움은 나에게 큰 고통이 된다. 프롬은 "막연하고 불확실함으로 가득한 삶에서 혼자인 듯한 느낌을 느끼는 것이 외로움의 본질이다"라고 말했다.

내가 외롭다고 느끼는 것에는 두 가지 속성이 함께 있다. 첫 번째는 내가 혼자인 듯한 느낌이고, 두 번째는 인생 자체가 막연하고 불확실하다는 것이다. 이 두 가지 속성 때문에 사람들

에리히 프롬의 처방전 - 외롭다면 창작하고 나를 사랑하라

은 외로운 감정을 느끼고, 그렇기 때문에 다른 누군가와 연결되고 싶어 한다. 누군가와 함께 있을 때 내가 혼자라는 느낌이 덜해지고 여러 사람들의 생각을 듣고 배우기 때문에 삶의 불확실함이 줄어드는 것이다.

프롬의 주장에 따르면 포털사이트에 있는 무수히 많은 카페들과 모임들은 '외로움'과 관련되어 만들어진 것이라고 한다. 예를 들어 은퇴 후에 일상과 생각을 나누는 목적의 인터넷 카페가 있다면, 그 카페에 게시된 글들은 은퇴 후에 대한 사람들의 생각으로 가득할 것이다. 서로의 일상을 나누면서 나 혼자만의 생각이 아니라 비슷한 상황의 사람들이 비슷한 생각을 한다는 데 위로를 받고, 은퇴 이후 불확실함에 대해서 소통할 수 있기 때문에 외로운 감정이 줄어든다. 다시 말하면 카페 안의 공동체를 통해서 나와 비슷한 환경의 사람들이 연결되고 서로 공감하기 때문에 외로움을 덜 느끼게 되는 것이다. 바다에 돛단배 하나만 떠 있으면 작은 바람에도 흔들려서 불안하고, 불안을 나눌 사람이 없어서 외롭다. 하지만 여러 개의 배를 같이 묶어 바다에 함께 떠 있으면 상대적으로 덜 흔들리게 된다. 그렇게 연결을 통해서 외로움이 감소하는 것이다.

프롬은 "사람은 외로움을 잊기 위해서 다양한 방법을 동원한다"라고 설명했다. 외로움을 잊기 위한 방법에는 술과 도박 그리고 게임 등이 있다. 술을 마시고 게임을 즐기다 보면 내가 세상에 혼자 내던져진 존재라는 사실을 잠시나마 잊을 수 있다. 술에 취하고 정신이 몽롱해지는 시간 동안은 자아가 괴로운 생각을 하지 않기 때문이다. 유튜브나 소셜 미디어도 여기에 포함된다. 하루 종일 사진이나 영상을 보면서 외로움을 달랠 수 있다. 하지만 지속 시간이 짧고 건강에 해를 미치기도 한다. 이런 활동들에 의지하다 보면 어느 순간 스마트폰 없이는 잠시도 가만히 있을 수가 없게 된다.

어떤 사람들은 다양한 커뮤니티에 속하거나 회사 또는 성공에 더 집착하고, 종교에 의존해 외로움을 달래기도 한다. 술이나 도박보다 상대적으로 지속 가능한 선택을 하는 것이다. 하지만 어딘가에 소속되어 있다고 해도 여전히 문제는 있다. 특정 집단에 소속되어 누군가와 공감의 관계를 이어나가려면 결국 그 집단의 논리에 나를 맞춰야 하기 때문이다. 회사에 속하건 어떤 특정 커뮤니티에 가입하면 그에 맞는 가면을 써야 한다. 나의 생각이 개성을 억누르고 집단의 의견에 따라야 하기 때문이다.

내가 아닌 것에 머물러 있다 보면 시간이 지날수록 내가 생각하는 나의 모습과 외부에서 바라보는 나의 모습 사이에 괴리가 생긴다. 집단이 나에게 맞추어주지 않기 때문에 나의 생

에리히 프롬의 처방전 - 외롭다면 창작하고 나를 사랑하라

각을 누르면서 나보다 큰 집단이 갖고 있는 보편적인 생각에 나를 맞춰야 한다.

예를 들어 회사는 돈을 벌고 성과를 내야 하는 조직이다. 회사는 개개인이 무엇을 좋아하고 어떤 것을 하고 싶어 하는지는 고려하지 않는다. 오로지 어떤 업무에 적합한 사람이고, 성과를 얼마나 창출하는지에만 집중한다. 그렇게 나라는 사람이 지워지게 된다.

다양한 커뮤니티에 속하는 것도 마찬가지다. 외로움을 잊는 대가로 나라는 사람의 존재감을 낮추는 것이다. 그리고 어딘가에 속해 있는 동안은 잠시 외로움을 잊을 수 있지만 혼자가 되면 어느새 외로움은 다시 기지개를 켜고 일어난다. 심지어 누군가와 함께 있어도 외로움이 가시지 않을 때가 있다.

외로움을
어떻게 해소해야 하는가?

프롬은 『사랑의 기술』에서 말했다.

"사랑과 창조적 작업을 위한 자신의 능력을 완전히 발달시킨 사람, 세상과 충분히 연결된 사람은 외로움을 초월한다."

외로움을 해소하기 위한 방법에는 어떤 것이 있을까? 프롬은 "내가 이 세상과 연결되어 있어야 한다"라고 말한다. 내가 세상과 연결되어 있다는 느낌을 받으면 외로움의 원인이었던 세상과의 단절되었다는 생각이 사라진다.

프롬은 세상과 연결성을 갖기 위한 방법으로 '창작 활동과 사랑'을 추천했다. 창작이라는 활동은 나라는 존재 자체를 마음껏 느낄 수 있고 세상과 연결을 만들어나갈 수 있다. 내가 창작자라는 주체가 되어서 무언가를 만들고 그 결과물을 통해 세상과 내가 연결될 수 있다. 예를 들어 그림을 그리는 것이 창작활동이 될 수 있다. 그림을 그리고 결과물을 내놓는 순간, 그림을 통해서 세상과 내가 연결된다. 누군가에게 그림을 보여줄 수도 있고, 이 세상에 내 결과물이 존재한다는 것을 느끼는 것만으로도 세상과 내가 연결되는 경험이 생긴다.

어떤 것이든 거창할 필요는 없다. 사소한 것이라도 내가 무언가를 만들고 있다는 것을 느끼기만 해도 된다. 그걸로 충분하다. 내가 쓰는 한 줄의 일기만으로도 창작물이 될 수 있다.

프롬은 『사랑의 기술』에서 말했다.

"사랑은 인간 존재의 문제에 대한 유일하고 건전하며 만족스러운 해답이다."

프롬은 또 한 가지 연결의 방법으로 '사랑'을 제시했다. 여기서 사랑이란 연인 간의 사랑만을 의미하는 것이 아니다. 내가 세상과의 연결을 느낄 수 있다면 형태는 중요하지 않다. 프롬이 강조한 사랑에서 중요한 요소가 하나 있다. 바로 '자기 자신에 대한 사랑'이다. 그는 "내가 나를 먼저 사랑해야 남들을 향한 사랑으로 발전할 수 있다"라고 말했다. 그리고 그는 "사랑하는 힘을 온전히 나의 것으로 만들기 위해서는 혼자 있는 훈련이 필요하다"라고 말했다. 독립적인 주체로 혼자 있을 수 있다는 것은 타인을 사랑할 줄 아는 사람이 되기 위한 필수 조건이다. 연인이나 가족 사이에서 누군가에게 심하게 의존하고 집착한다면 사랑하는 관계가 될 수 없다. 집착은 사랑이 아니라 나의 욕망을 채우기 위해서 남을 이용하는 행동에 불과하다.

혼자 있을 수 있는 능력이야말로 사랑하는 능력의 전제 조건이다. 나 홀로 우뚝 서고 진정한 내가 되기 위한 방법에는 명상이 있다. 실제로 프롬도 일상 중에 호흡에 집중하고 온전하게 내가 되기 위한 시간을 많이 가졌다고 한다.

우리는 이 세상에 던져졌다. 그리고 세상은 끝없는 불확실함으로 불안함과 외로움을 느끼게 한다. 불확실한 세상에서 나라는 존재는 세상과 단절되어 있다고 느끼기 때문에 외로움과 불안한 마음은 더 커져간다. 그래서 프롬은 세상과 연결되어 있기 위해 창작활동과 사랑을 강조한 것이다.

　진정한 사랑을 위해서는 세상에 당당히 홀로 설 수 있는 능력이 필요하다. 누군가에게 의존하지 않고 세상에 홀로 우뚝 서서 진정한 자신으로 거듭나는 것이다. 프롬이 그랬던 것처럼 명상이 그 길을 돕는 역할을 해줄 것이다. 오늘도 나 홀로 당당히 내가 되는 하루가 되기를 바란다.

"사랑과 창조적 작업을 위한 자신의 능력을
완전히 발달시킨 사람은 외로움을 초월한다."

Immanuel Kant

칸트의
처방전
- 온전히 나의 의지로 채워진 시간을 가져라

13부

　자유는 누구에게나 소중한 가치다. 자유는 단순한 여유 시간을 넘어, 자신의 삶을 재발견하고 진정한 의미를 찾을 수 있는 기회를 제공하기 때문이다.

　특히 각자의 방식으로 살아가는 현대사회에서 자유의 의미는 그 어느 때보다 크고 소중하게 여겨질 수밖에 없다. 우리는 끊임없이 자유를 갈망하고, 그 속에서 자신만의 행복과 만족을 찾아간다.

　'어떻게 자유를 제대로 누릴 것인가?'라는 인생의 질문은 언제나 중요하다. 위대한 철학자 임마누엘 칸트 역시 '자유'라는 주제를 가지고 평생 동안 깊은 탐구를 했다. 그의 관점을 토

대로 어떻게 해야 인간이 인생에서 진짜 자유를 누릴 수 있는
지에 대해 알아보자.

선택의 역설

칸트는 『실천 이성 비판』에서 말했다.

"엄격하게 제한된 삶이 곧 자유다."

자유롭게 살아가기 위해 삶을 제한해야 한다는 것은 모순적
인 주장이라고 들린다.

누구나 돈과 시간에 얽매이지 않는 자유로운 삶을 살고 싶
어 한다. 자유라는 것은 선택지가 많다는 것을 의미한다. 내가
먹고 싶은 것을 먹고, 가고 싶은 곳을 가고, 어떤 사람을 만날
지를 선택할 수 있는 것처럼 선택의 권한이 많을수록 자유로
운 삶을 살고 있다고 할 수 있다.

그런데 정말 내가 선택할 수 있는 선택지가 많을수록 자유
롭다고 이야기할 수 있을까? 스마트폰은 우리를 더 자유롭게
만들어준 현대의 대표적인 도구다. 스마트폰을 통해 우리가 어
디에 있든 원하는 순간에 필요한 정보를 얻을 수 있다. 드라마

나 영화를 볼 수도 있고, 원하는 사람과 소통도 가능하다. 스마트폰은 시간과 공간을 초월해서 나를 자유롭게 할 수 있는 도구가 되었다. 스마트폰 덕분에 지금 내가 무엇을 할지 결정할 수 있는 선택지가 다양해졌다. 그래서 인생이 그만큼 더 자유로워졌을까?

스마트폰은 오히려 인간이 더 많은 선택을 하게 만든다. 쇼핑을 할지, 영화를 볼지, 누군가에게 연락을 할지 등 지속적으로 선택해야 한다. 그리고 누군가로부터의 메시지 알림이 울렸다면 지금 확인을 할지, 나중에 확인을 할지, 확인 후에는 지금 답장을 할지, 나중에 할지 등 선택을 멈출 수가 없다. 그리고 스마트폰 때문에 급한 상황에 언제든지 직장과 연락이 닿을 수 있는 자유가 생겼다. 직장에서 연락이 와도 받지 않을 자유 역시 존재한다.

스마트폰 때문에 생긴 다양한 선택지는 하루 동안 수많은 결정을 해야 한다는 것을 의미한다. 인간이 자유롭고 편해지기 위해 만든 도구인 스마트폰이 오히려 인간을 더 피곤하게 만들고 있는 것이다.

우리의 피곤함을 설명하기 위한 '선택의 역설'이라는 개념이 있다. 한마디로 말해서 너무 많은 선택지들은 우리를 피곤하게 만들고 무기력하게 만든다는 것이다. 결국은 선택지를 줄여야 한다. 스마트폰을 없애거나 사용하는 시간을 줄여보는 것이다. 알림도 꺼놓고, 특정 앱도 삭제해버리면 결정할 필요가 없기 때문이다.

문제는 선택지를 줄임으로써 자유가 줄어들 수도 있다는 점이다. 예를 들어 스마트폰을 없애버리면 내가 원할 때 사람들과 소통을 할 수 없다. 영상을 볼 수 있는 앱을 삭제해버리면, 내가 원할 때 영상을 볼 수가 없다. 선택들이 하나하나 제거가 되면 내가 무엇인가를 하고 싶을 때 할 수 없게 되면서 오히려 자유가 줄어들게 된다.

칸트는 "내가 하고 싶은 대로 방해받지도 않고, 하고 싶은 일을 하는 것은 자유가 아니다"라고 말했다. 칸트의 말에 따르면 아침에 일어나서 보고 싶은 드라마를 실컷 보고, 사고 싶은 것을 사고, 먹고 싶은 것을 먹고, 원하는 대로 시간을 보내는 게 자유가 아니라는 것이다.

칸트는 『실천 이성 비판』에서 자유에 대해 이렇게 말했다.

"자유란 자신이 원하는 모든 것을 하는 것이 아니라, 자신이 해야 할 모든 것을 할 수 있는 것이다."

진정한 자유란
무엇인가?

그렇다면 도대체 어떤 것이 자유인 것일까? 칸트의 일과를 들여다보자.

칸트의 하루는 매우 규칙적이었다. 오전 5시에 일어나서 간단한 운동을 하고, 오전 5시 30분에서 7시 사이에 글을 쓰고 연구를 했으며, 오전 7시에서 8시 사이에는 강의 준비를 했다. 매일 12시 정각에 점심을 먹었고, 오후 1시에서 3시까지 산책을 했다.

얼마나 똑같은 시간에 매일같이 산책을 했는지, 사람들은 칸트가 산책하는 것을 보고 몇 시인지 알았다고 한다. 그리고 매일 밤 10시에 잠자리에 들었다.

어떻게 보면 칸트는 스스로 선택지를 제한하는 삶을 살았다. 그런데 선택지를 제한하는 규칙이 오히려 우리를 자유롭게 만든다는 게 칸트의 주장이다. 이렇게 되면 선택의 역설에서 벗어나게 되고, 선택지를 제한함에도 불구하고 여전히 자유롭기 때문에 이상적인 상태가 된다.

현대에서도 칸트와 같은 생활을 실천하는 사람들이 있다. 바로 군인들이다. 매일 똑같은 시간에 일어나고, 똑같은 시간

칸트의 처방전 - 온전히 나의 의지로 채워진 시간을 가져라

에 밥을 먹고 운동하고 점호하고 취침한다. 그렇다면 군인들이 과연 자유로운 것일까? 칸트는 『도덕 형이상학의 기초』에서 말했다.

"자유란 외부의 규칙이나 욕망에 의해 지배되지 않으며, 오직 도덕 법칙에 의해 스스로 규율되는 자율적인 의지의 상태를 말한다."

칸트는 규칙이 우리를 더 자유롭게 만들지만 그 규칙은 자기 스스로 만들어야 한다고 이야기한 것이다. 여기서 '자기 스스로 만든다'는 개념이 매우 중요하다. 내가 만든다는 것은 외부의 욕망이나 규칙에 의해 좌지우지되지 않고 오직 나의 의지로 선택하고 행동한다는 것을 의미하기 때문이다. 이게 바로 칸트가 말하는 '인간이 진짜로 자유로운 상태'다.

순수한 이성, 순수한 의지, 이런 것은 도대체 무엇을 말하는 것일까? 칸트가 이것으로 규칙을 만들어야 비로소 자유를 얻게 된다고 말한 것은 어떤 의미일까? 칸트에 따르면 내가 스스로 세운 규칙과 외부에서부터 흘러 들어와서 어쩔 수 없이 그냥 따르는 것들은 내가 지금 자유롭게 살고 있는가, 아닌가를 나누는 중요한 기준이 된다고 말했다.

예를 들어 글을 쓰는 일을 생각해보자. 순수한 이성이 나에게 글을 쓰라고 했다. 그래서 밤 9시에서 11시까지 글을 썼다.

두 시간 동안 내가 글을 계속 쓴다면 나는 진짜 자유를 누리는 것이다. 하지만 밤 9시 30분쯤 갑자기 웹툰이 보고 싶다는 욕망이 생겼다. 그래서 글쓰기를 뒤로하고, 1시간 동안 웹툰을 봤다. 이건 자유가 아니다. 1시간 동안 웹툰을 보는 자유를 누린 것 같지만 실은, 웹툰 회사에 1시간 동안 욕망을 휘둘리고 조종당한 것이다. 그러므로 나는 자유롭지 못한 것이다.

칸트는 이런 욕망에 휘둘리는 한 자유로운 상태가 되지 못한다고 지적했다. 그런데 글쓰기를 한다는 것은 내가 글쓰기를 하는 즐거움이라는 욕망을 누리려는 것은 아닐까? 글쓰기의 재미라는 욕망에 좌지우지되어서 글쓰기를 한다면, 그것 또한 자유롭다고 보기 어렵다. 그런데 글쓰기를 했더니 재미가 느껴졌다면 어떤 욕망에 조종당해서 글을 쓴 것이 아니기 때문에 자유로운 상태가 된 것은 아닐까?

칸트는 "어디까지 욕망이고, 어디까지 나의 순수한 의지로 선택해서 행동한 것인지 딱 잘라서 나누기 어려운 상황들이 있다"라고 말했다. 중요한 것은 '정말 내가 진실하게 외부에 휘둘리지 않고 행동을 했는가 그렇지 않은가'이다.

"나는 오늘 자유롭게 게임도 하고, 드라마도 보고, 영화도 봤어. 비싼 호텔도 선택하고, 식사도 맛있게 했어. 나는 정말 자유로운 하루를 보냈어"라는 주장을 살펴보자. 내가 한 선택들이 다른 외부의 욕망에 하나도 휘둘리지 않고 나의 온전한 선택이었을까? 아니면 SNS나 주변 사람들이 경험한 것들이 나의 비교 욕망, 과시 욕망, 인정 욕구 등을 자극해서 내가 선택을 당한 것은 아닐까? 나의 삶이 진짜 자유로웠는지 한번 생각해볼 지점이다.

그럼에도 불구하고 누군가는 "이게 내 자유고 내 의지로 나는 했어!"라고 이야기할 수 있다. 그럴 수 있다고 생각한다.

진짜 자유로운 인생이란?

내가 진짜 자유를 누리는지 알아볼 수 있는 칸트의 문장이 또 하나 있다. 칸트는 스스로 규칙을 세우는데 그 규칙은 도덕적 법칙에 의해 규제된다고 강조했다.

칸트는 『도덕 형이상학의 기초』에서 말했다.

"이와 같이 행동하라. 너 자신을 포함한 모든 사람의 인격을 결코 단순한 수단으로만 대하지 말고, 항상 동시에 하나의 목적으로 대하라."

단순히 해석하자면, 인간을 수단으로 대하지 말고 목적으로 대하라는 뜻이다. 글쓰기 이야기로 돌아가면, 내가 글쓰기를 어떤 수단으로 생각하지 않고 순수하게 목적 그 자체로 여긴다면 나는 자유를 얻은 것이다. 하지만 글쓰기를 통해 유명해지려고, 누군가에게 잘 보이려고 하는 수단으로 여기면 글쓰기를 할 때 나는 자유로운 것이 아니다. 글쓰기를 목적으로 삼고, 글을 쓰는 과정에 집중하고 몰입하면 나는 자유로울 수 있다.

욕망에 휘둘리지 않고, 순수한 내면의 나라는 존재가 글쓰기 자체에 집중하는 순간 더 자유로워진다. 글쓰기에 몰입한 상태가 바로 내가 진정한 자유를 느끼는 시간이 되는 것이다. 그 순간 나는 욕망 같은 것들에 휘둘리지 않고, 내가 온전히 세운 '글쓰기를 한다'는 규칙에 의해서 움직이는 것이다.

'인생이 자유로운가, 아닌가'는 '내가 인생 자체의 목적으로 살아가는가, 아닌가'에 달려 있다. 사는 것을 인생 그 자체의 목적으로 삼고 살아가라는 것은 어떤 의미일까? 인생을 수단으로 보는가 아닌가는 '내가 무언가를 위해서 사는가', 아니면 '삶에서 주는 모든 경험의 순간들을 누리면서 사는가'로 나눌 수 있다.

삶을 살아가는 이유가 단지 돈을 벌거나 높은 지위를 얻기 위한 것이라면, 계속해서 더 많은 것을 원하게 된다. 그러나 그

칸트의 처방전 - 온전히 나의 의지로 채워진 시간을 가져라

자체로 가치 있는 삶을 살려면, 우리가 매일 경험하는 작은 일들과 순간들을 소중히 여겨야 한다.

'나는 왜 이 인생을 살아가고 있는가?'에 대해 어떤 답을 하느냐에 따라서 나의 삶은 자유로워질 수도 있고, 어떤 목표에 수단으로 살아가게 될 수도 있다. 가장 좋은 방법은 나에게 주어진 것들에 몰입하는 것이다.

"레빈은 풀베기를 시작했다. 그는 시간이 흐르는 것을 의식하지 못한 채 풀을 베고 있었다. 만약 누군가가 그에게 풀을 얼마나 오랫동안 베었는지 물었다면, 그는 아마 30분쯤이라고 답했을 것이다. 그러나 그의 풀베기는 아침에 시작했고, 어느덧 정오가 가까워지고 있었다."

톨스토이의 소설 『안나 카레니나』에 등장하는 주요 인물인 레빈의 풀베기 장면이다. 이 내용은 인간이 몰입했을 때 어떤 일이 벌어지는지 잘 보여준다. 몰입하는 과정 중에 인간은 무아지경에 이르고 행복감을 얻게 된다. 레빈이 풀베기에 완전히 몰입하는 순간, 시간에 대한 모든 감각을 잃어버렸다. 오로지 풀베기에만 집중해 아무 생각도 들지 않고, 아무것도 들리지 않았다. 그 순간에는 오직 낫이 움직이는 소리만 들렸고, 함께 풀을 베는 사람들과 풀이 베인 자리만 보였을 뿐이다.

무아지경 속 레빈은 시간이 흘러가는 것조차 느끼지 못했다. 그리고 시간의 끝에서 충만한 행복을 느꼈다. 풀베기를 하는 중에 굵은 빗줄기가 쏟아졌지만 레빈은 신선하고 상쾌함을 만끽했으며 흥겨움과 즐거움을 느꼈다. 풀을 벨수록 더 무아지경으로 들어갔다. 레빈의 두 팔이 풀을 베는 게 아니라 풀을 베고 있는 낫이 레빈의 몸을 이끌어주었다. 생각이 비워진 상태에서 풀베기는 더 정교해지고 규칙적으로 변해갔다. 레빈이 최고조의 행복을 느낀 순간이었다.

무언가에 몰입하다 보면 시간도, 생각도 잃어버리고 어느새 내가 지금 있는 이 순간에만 집중하게 된다. 그 순간 느껴지는 행복은 이루 말할 수 없다. 물론 모든 순간에 몰입할 수는 없지만, 우리가 돈이나 사람들로부터의 인정욕구로부터 100퍼센트 완전히 자유로워질 수는 없다. 최소 하루에 한 번이라도 '아, 내가 순간에 진짜 몰입하면서 살고 있구나'라는 느낌을 받을 수는 있다.

레빈의 풀베기와 같이 친구와의 대화, 가족과의 저녁 식사, 산책 등 작은 순간들을 즐기고 그 자체로 행복을 느껴보자. 이런 경험들은 목표를 달성하기 위한 수단이 아니라, 그 자체로 우리의 삶을 풍요롭게 만들고 진짜로 자유로운 삶을 사는 것이라고 할 수 있다.

칸트가 말했듯이 남에게 휘둘리지 않고, 내 의지로 하루의

칸트의 처방전 - 온전히 나의 의지로 채워진 시간을 가져라

규칙을 세워보면 어떨까? 사소한 것이라도 좋다. 일어나자마자 이불 개기, 자주 물 마시기, 일기 쓰기, 산책하기, 명상하기 등 무궁무진하게 많은 나만의 하루 규칙을 만들 수도 있다. 그리고 내가 세운 소중한 규칙들을 실천하면서, 나의 행동 그리고 순간들에 온전히 몰입해보는 시간들을 갖는 것이다. 소중한 시간에 감사함을 느껴보고, 기쁨도 가져보고, 삶이 주는 아름다운 경험들도 느끼면서 말이다.

외부에서 나를 유혹하는 온갖 자극에서 벗어나는 그 시간은 나의 의지로 살아가는 내 시간이 된다. 그 시간들이 곧 진짜 자유의 시간이 된다.

"자유란 내가 원하는 모든 것을 하는 것이 아니라,
내가 해야 할 모든 것을 할 수 있는 것이다."

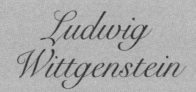

Ludwig Wittgenstein

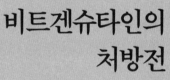

비트겐슈타인의
처방전
- 의미 있다고 생각하는 것들을 실천하라

14부

인생의 중반까지의 삶을 살다 보면 한번쯤 삶이 무의미하다고 생각하게 되는 경험을 한다. 특히 한국 사회는 인생이 무기력하고 무의미하게 느끼기에 매우 좋은 환경이다. 한국 사회를 살아가는 개인은 경기침체로 경제 활동을 하는 것이 더 어려워지는 것과 동시에 남녀, 세대 등 다양한 갈등으로 각자 쉽게 고립된다.

나이가 들수록 노후 준비나 건강 그리고 앞으로 남은 인생을 어떻게 살아갈지에 대한 고민이 깊어지기 마련이다. 특히 불확실성이 높은 한국 사회에서는 '내가 앞으로 무엇을 할 수 있을까?'라는 생각이 들기도 한다.

또한 인생 중반에 이르면서 사회적으로 중요한 책임들도 늘어난다. 직장에서는 더 높은 성과를 요구받고, 가정에서는 자녀 교육이나 부모 부양 등의 책임이 더해진다. 불확실성이 높은 환경과 나이가 들수록 늘어나는 책임·고민들은 내가 아무리 노력을 해도 인생 후반기를 얼마나 잘 살 수 있을지 의문이 들게 만든다. 나름 열심히 살았지만 뚜렷하게 이루어놓은 것은 없다는 불안함과 함께 인생의 공허함과 허무함만 느끼게 된다. 인생이 무의미하다는 고민을 우리는 어떻게 접근하고 풀어야 할까?

루트비히 비트겐슈타인은 2017년 미국의 한 철학 사이트에서 지난 200년 동안 가장 위대한 철학자 1위로 선정되었다. 2005년 BBC 선정 가장 위대한 철학자 2위, 케임브리지 대학 철학과 학생들이 선정한 시대별 가장 위대한 철학자 3위에 뽑힐 정도로, 그의 생각은 시대를 관통했다. 인생 내내 삶의 무의미함을 끊임없이 탐구한 철학자인 비트겐슈타인은 삶이 무의미하다고 느껴질 때 어떻게 대처해야 하는지에 대한 귀중한 통찰을 제공한다. 천재 철학자라고 불리는 비트겐슈타인이 말하는 '삶의 무의미함'이란 과연 무엇일까? 그리고 그가 말하는 해결책은 무엇일까?

말할 수 없는 것은
침묵해야 한다

비트겐슈타인은 『논리철학논고』에서 말했다.

"철학 저작에서 발견되는 대부분의 명제와 질문은 거짓이 아니라 무의미하다. 우리는 이런 종류의 질문에 답할 수 없으며, 그저 그것들이 무의미하다는 사실을 밝힐 수 있을 뿐이다."

비트겐슈타인은 삶이 무의미할 때 어떻게 살아가야 하는지에 대해 이야기하는 것은 아무런 가치가 없는 일이라고 이야기했다. 어떻게 보면 허무한 말로 들릴 수 있다. 그런데 실제로 천재 철학자 비트겐슈타인의 저서 『논리철학논고』의 논리적 흐름을 따라가 보면 이와 같은 결론에 도달하게 된다.

비트겐슈타인은 "삶의 무의미에 대한 주제가 가치가 없는 이야기라고 치부해버리면, 삶의 무의미라는 문제는 저절로 해결된다"라고 말했다. 왜냐하면 삶의 무의미는 논의할 가치가 없는 것이고, 그렇기 때문에 삶의 무의미는 문제 자체가 아니기 때문이다.

비트겐슈타인은 『논리철학논고』에서 삶의 무의미에 대한 문제를 간단하게 해결할 수 있다고 말했다.

"삶의 문제의 해결은 그 문제가 사라짐으로써 발견된다."

삶의 무의미에 대한 문제가 이렇게 간단하게 사라질 수 있을까? 비트겐슈타인의 생각을 차근차근 따라가보면서 어떻게 결론에 도달했는지 살펴보자.

비트겐슈타인은 『논리철학논고』에서 말했다.

"말할 수 있는 것은 명료하게 말해질 수 있다. 그리고 말할 수 없는 것에 대해서는 우리는 침묵해야 한다."

여기서 '말해질 수 있는 것'은 무엇이고, 우리가 '말할 수 없는 것'이란 무엇일까? 간단하게 설명하면, 이 세상에는 언어로 대상을 정확히 나타낼 수 있는 것이 있고 그렇지 못한 것들이 있다는 것이다. 예를 들어 내가 지금 고양이를 보고 있다면, 그것을 고양이라고 정확하게 말할 수 있다. 고양이, 개, 커피, 가방 등 이런 동물이나 사물은 지금 세상에 존재하고 있고, 내가 분명하게 볼 수 있기 때문이다.

비트겐슈타인은 "언어로 표현한다는 것은 이 세계를 설명할 수 있어야 하는 것에만 적용될 수 있다"라고 말했다. 마치 언어가 그림을 그리듯이, 언어로 표현되는 것은 이 세상에 존재한다고 설명할 수 있어야만 한다.

이와 반대로 어떤 말은 너무 추상적이어서 아무것도 설명하지 못한다. 물론 논의 정도는 할 수 있지만 정확하게 설명하는 것은 불가능하다. 정의하는 것도, 정확하게 설명하는 것도 할 수 없다. 철학적인 문제들이 그렇다. '삶은 왜 살아야 하는가?' '신은 존재하는가?'를 정확하게 설명할 수 있을까? 무수히 많은 철학자들과 전문가들이 이 질문의 답을 찾기 위해 도전했지만, 정의하기도 서로 정답을 찾기도 어려운 질문이라는 것만 알아낼 수 있을 뿐이었다.

비트겐슈타인은 추상적인 개념들을 논의하는 것 자체가 무의미하다고 말했다. 그는 정의하기도 어려운 이야기를 할 바에는 침묵하는 것이 낫다고 주장했다. 그래서 삶의 무의미는 추상적인 개념이고, 논의할 가치가 없는 주제인 것이다.

하지만 침묵한다고 해서 내 삶의 무의미한 감정이 사라지는 것일까? 나는 허무하고 공허한 느낌들 때문에 고통을 받고 있다. 그런데 내가 겪고 있는 고통이 의미가 없다고 한다고 해서 마무리할 수는 없다. 여전히 나는 고통을 받고 있고, 공허한 감정을 겪고 있기 때문이다. 비트겐슈타인이 무가치하기 때문에 논의할 가치가 없다고 한다면, 우리에게 더 큰 물음표만 남기는 것이고 우리는 여전히 삶의 무의미한 문제들에 시달리게 된다.

비트겐슈타인도 평생 무의미함으로 고통받는 삶을 살았다. 비트겐슈타인은 오스트리아-헝가리 제국의 부유한 가문에서

비트겐슈타인의 처방전 - 의미 있다고 생각하는 것들을 실천하라

태어났지만, 그는 가족의 비극적인 사건들로 인해 계속 고통을 받았다. 그의 맏형인 한스는 사업가가 되려다 음악에 대한 열망으로 아버지와 충돌하게 되었고 끝내 자살을 했다. 둘째 형 쿠르트와 셋째 형 루돌프도 각각 스스로 생을 마감했다. 이러한 형제의 비극은 비트겐슈타인에게 '삶을 계속 살아가야 하는가?'라는 질문을 남겼고, 심리적 충격 때문에 본인 또한 자살 충동에 시달렸다.

제1차 세계대전이 발발하자 그는 오스트리아-헝가리 제국 군대에 자원입대했다. 자신이 자살 충동을 느꼈던 것을 극복하기 위해 일부러 전쟁 중 위험한 임무를 맡았다. 비트겐슈타인은 죽음을 무릅쓴 침착하고 용감한 행동으로 여러 차례 훈장을 받았다. 1918년 8월, 그는 이탈리아 군에 포로로 잡혀 1년 동안 수용소에 수감되었다. 그는 포로수용소에서 『논리철학논고』의 원고를 완성했다. 이 책은 1921년에 출판되어 철학계에 큰 영향을 미쳤다.

전쟁 이후 비트겐슈타인은 상속받은 막대한 유산을 처분하고, 그 돈을 가난한 문인들과 형제자매들에게 나누어주었다. 그는 극단적으로 검소한 생활을 하며, 교사, 건축가, 수도원 생활 등 여러 가지 직업과 삶의 형태를 경험했다. 그가 죽기 2년 전까지도 새로운 삶의 가능성을 모색했다.

비트겐슈타인은 자신의 복잡한 삶과 내면의 고통에도 불구하고, "그들에게 멋진 삶을 살았다고 전해주시오"라는 마지막 유언을 남겼다. 그렇게 비트겐슈타인의 삶은 인생의 무의미함에 대한 깊은 탐구로 가득했고, 죽기 직전 자신의 인생을 크게 긍정했다.

비트겐슈타인의 언어 게임

삶의 무의미함에 대한 비트겐슈타인의 생각은 그가 제시한 개념인 '언어 게임'을 통해서 더 자세히 파악할 수 있다. 비트겐슈타인의 언어 게임 이론이란 다양한 활동과 상황에서 언어가 어떻게 사용되는지에 따라 의미가 결정된다는 것을 말한다. 언어라는 것은 단어 자체에 의미가 있는 것이 아니라 사회적 환경 아래에서 사용되는 방식에 따라서 그 의미가 결정된다.

쉽게 이해할 수 있도록 '일'이라는 단어로 예를 들어보자. 1980년대에 우리나라에서 '일'이라는 단어는 주로 생계를 유지하고 가족을 부양하는 수단으로 사용되었다. 이 경우 '일'은 명확한 사회적 가치와 목적을 지니고, 사람들에게 내가 하는

'일'은 자부심이 되기도 했으며, 나라는 사람의 인생의 전부인 경우가 많았다. 왜냐하면 그 당시에는 한번 가진 직업이 평생 동안 유지되었고, 먹고 사는 문제를 해결하는 게 가장 중요했기 때문이다. 직장인들은 토요일에도 근무를 하고 야근을 하고 때로는 밤늦게까지 회식하는 문화 때문에 인생에서 대부분의 시간을 회사에서 보내야 했다.

2020년대에 들어서며 '일'의 의미는 크게 달라졌다. 직업의 안정성이 줄어들고, 많은 사람들이 불확실한 노동시장과 임시직에 종사하게 되면서 '일'은 생계를 위한 수단 이상의 의미를 갖기 어려워졌다. 사람들의 인생에서 직업에 대한 중요도가 매우 낮아졌다. 오히려 '어떻게 하면 일에 들어가는 시간을 줄이고 더 자유로운 삶을 살아갈 수 있을까?'라는 생각을 하게 되었다. 2020년대를 살아가는 우리들에게 '일'은 그저 인생의 일부일 뿐이며, 여가생활이나 자기계발로 보내는 시간이 더 소중해졌다.

언어 게임의 핵심은 특정 상황과 맥락에서 사용하는 언어의 규칙을 이해함으로써 그 의미를 파악하는 것이다. 즉 특정한 사회적 환경과 배경마다 언어가 사용되는 방식이나 규칙이 다르기 때문에 상황에 맞는 언어 사용법을 알아야만 의미를 정확하게 이해할 수 있다.

비트겐슈타인은 『논리철학논고』에서 말했다.

"다양한 언어 게임이 우리의 삶 속에서 끊임없이 발생하고, 언어의 의미는 이러한 게임 속에서 결정된다."

언어의 의미를 이해하기 위해서는 언어가 사용되는 구체적인 상황과 맥락을 이해하는 것이 중요하다. 앞에서 예를 든 것처럼 한국의 1980년대와 2020년대의 사회는 완전히 달라졌고, 그에 따라서 '일'에 대한 사람들의 인식이 바뀌었듯이 말이다.

언어의 의미란 절대적이고 고정된 것이 아니라 상황과 맥락에 따라 변할 수 있는 것이다. 언어 게임의 규칙을 이해하기 위해서는 게임에 반드시 참여해야 한다. 직접 상황에 개입하고 경험하면서 어떤 식으로 언어에 의미가 부여되는지 자연스럽게 이해할 수 있다.

우리 삶의 의미와 언어 게임은 어떻게 연결될 수 있을까? 언어 게임의 세 가지 요소를 기억하면서 삶의 의미에 대해서 생각해보자.

언어 게임의 세 가지 특징은 다음과 같다. 첫째, 언어는 절대적이고 고정된 의미를 갖지 않는다. 둘째, 언어는 다양한 상황과 사회적 환경 아래에서 어떻게 사용하는가에 따라서 의미가 결정된다. 셋째, 직접 참여해서 경험해야 한다.

먼저 삶의 의미를 논하는 것 자체가 무의미하다는 것을 언어 게임의 논리를 토대로 설명하면 이렇다. 사람마다 다른 경험과 가치, 문화적 배경을 가지고 있기 때문에 삶의 의미가 모든 사람에게 적용될 수 있도록 설명하는 것은 의미가 없을 것이다. 하지만 삶의 의미라는 주제를 가지고 의미를 찾았던 경험과 행동 안에서 느꼈던 자신만의 의미는 진짜다. 개개인이 내가 살아 있다고 느꼈던 순간들, 경험들은 분명히 존재하는 것이기 때문이다.

삶의 무의미함을 절대적인 개념으로 접근하면 언어로 설명할 수 없는 영역이 될 수 있다. 그래서 무의미한 삶에 대처하는 방법은 이론적으로는 알 수가 없다. 하지만 언어 게임에서 비트겐슈타인이 강조했듯이, 삶의 의미를 발견하기 위한 행동들에 계속 참여한다면 우리들은 각자 삶의 의미를 느낄 수 있고 어떤 의미인지 알 수 있다. 즉 삶을 살아가면서 실천과 경험을 통해서만 인생의 의미들을 발견할 수 있다는 것이다.

언어 자체는 절대적인 의미가 없기 때문에 삶의 무의미함에도 절대적인 진리라는 것은 존재하지 않는다. 혼자 방구석에 앉아 내가 왜 살아야 하는지 생각만 해서는 도저히 알 수가 없다.

무의미한 삶에서 벗어나기 위해 어떻게 해야 하는지에 대한 답은 단순하다. 의미가 느껴지는 실천을 통해서 벗어나면 된다. 내가 의미가 느껴지는 순간과 그 경험이 이어지면 삶의 의미를 경험할 수 있는 것이다.

의미 있는 삶은
실천하고 경험하는 삶이다

비트겐슈타인은 『논리철학논고』에서 말했다.

"삶의 문제를 해결하는 것은 그 문제들이 무의미하다는 것을 깨달을 때 해결된다."

즉 삶의 의미를 언어적 논의나 사유로 발견할 수 없다는 것이다. 이는 언어가 가지는 한계와 밀접한 관련이 있다. 언어는 세계의 사실들을 설명하는 도구일 뿐 그 자체로 의미를 창출하거나 진리를 제시하는 것은 아니다. 따라서 삶의 의미를 발견하고자 한다면 언어적 고찰이 아니라 실천을 통해 자신의 세계를 확장해야 한다. 삶의 문제는 실천으로 극복할 때 그 의미를 드러낸다. 문제의 답은 이미 삶 속에 있으며, 그것을 실천하는 과정에서 문제는 비로소 해소된다.

비트겐슈타인은 인생의 의미는 오직 경험을 통해 드러난다는 사실을 강조했다. 언어는 경험을 표현하는 수단이지만, 실제로 삶의 의미를 이해하기 위해서는 자신이 의미 있는 삶을 직접 경험해야 하는 것이다. 예를 들어 인생의 의미를 논의하는 대신 누군가를 도우며, 새로운 일을 시도하고, 자신이 가치를 두는 행동을 함으로써 인생의 의미를 발견할 수 있다. 비트겐슈타인의 철학에 따르면, 삶의 의미는 정적 사유의 대상이 아닌 동적 실천의 결과다. 의미는 단순히 존재하는 것이 아니라 우리의 삶 속에서 스스로 만들어가는 것이다.

비트겐슈타인은 "나의 언어의 한계가 나의 세계의 한계다"라는 유명한 말을 남겼다. 여기에 덧붙이자면 나의 행동이 모여 나의 세계가 만들어진다. 언어는 실천과 행동에 연결되기 때문이다. 언어는 우리가 사용하는 도구에 불과하며, 내가 하는 행동들과 사람들과의 언어 게임 자체가 의미를 만들어낸다. 현재 삶의 무의미로 인해 고통받고 있다면, 내가 의미 있다고 생각하는 것들을 실천해야 한다.

삶이 무의미하고 무기력하게 느껴지는가? 그렇다면 산책을 하자. 글을 쓰고 명상을 하고, 자원봉사도 해보자. 나의 삶과 세상이 연결되는 부분을 가득 느껴보고, 어떤 것이라도 좋으니 창의적인 활동들을 해보자. 이러면 끝이다. 오히려 특별한 무언가가 있을지 모른다고 생각하고, 무의미함을 풀기 위해 인생을 복잡하고 어렵게 생각하기 때문에 쉽게 풀 수 있는 문제도 어렵게 느끼는 것이다. 이런 행동들이 삶의 의미를 찾을 수 있다는 것은 연구를 통해서도 검증되었다.

비트겐슈타인은 『논리철학논고』에서 말했다.

"나를 이해하는 사람은 결국 그것들이 무의미함을 인식하게 될 것이며, 그 명제를 통해, 그 명제를 딛고, 그 명제를 넘어나간다. 그는 이 명제를 초월해야 하며, 그때 그는 세상을 올바르게 볼 것이다."

복잡하게 생각할 필요가 없다. 삶이 무의미하다면 내 삶을 의미 있게 만드는 것을 하나하나 해보자. 인생에 대한 문제의 답은 결국 나의 인생에서 나의 행동을 통해서 해결된다. 결론적으로, 삶의 의미를 발견하려면 삶의 의미에 대해서 논의하는 게 아니라, 의미 있는 삶을 살아야 하는 것이다.

"삶의 의미를 발견하기 위한 행동들에
계속 참여한다면 삶의 의미를 알 수 있다."

Lucius Annaeus
Seneca

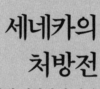

세네카의
처방전

- 원하는 뭔가를 갖기 위해 집착하지 마라

15부

인생의 반환점을 돌아올 때쯤이면 나에게 주어지는 시간에 대해서 생각해보게 된다. '나에게 남은 시간은 얼마나 될까?' '내가 지금까지 흘려보낸 시간은 얼마나 될까?'

누구나 삶은 끝이 있기에, 인생에 주어지는 시간도 끝이 있다. 다만 나에게 주어지는 시간이 얼마나 남았는지 모르기 때문에 시간이 영원할 것이라고 착각을 하며 시간의 소중함을 놓친 채 시간을 낭비하고 있다.

루키우스 안나이우스 세네카는 『인생의 짧음에 관해』에서 말했다.

"시간이 부족한 것은 아니다. 오히려 우리는 많은 시간을 허비하고 있을 뿐이다. 시간을 제대로 쓸 줄 알면, 우리의 삶은 충분히 길어질 것이다."

지난 일주일만 돌아봐도 아깝게 흘려보낸 시간이 많을 것이다. 스마트폰만 보고 있었던 시간을 활용해서 삶에 더 의미 있는 것들을 하지 못한 것에 대한 후회가 찾아올 수도 있다. 인생의 후반기에 진입하는 시점이라면 더욱더 시간에 대해서 고민해야 하는 시기다. 나에게 남아 있는 시간은 더 짧아졌고, 주어진 시간 안에 인생을 어떻게 보내는가에 따라 삶을 완전히 낭비할 수도 있고 의미 있게 보낼 수도 있기 때문이다.

스토아 철학자 중 한 명인 세네카는 무려 2000년 전에 시간을 낭비하는 것에 대한 조언들을 남겼다. 세네카는 로마제국의 폭군이었던 네로의 스승이었고, 8년 동안 직접 로마를 통치하기까지 했다. 그는 『인생의 짧음에 대해』 등 12편의 에세이를 작성했는데, 이 작품들은 수천 년간 라틴어 원전 교재로 사용할 정도로 수준이 높아서 서양 고전의 표준으로 인정받을 정도였다. 세네카는 몽테뉴, 칼뱅 등 다양한 철학자들에게 큰 영향을 주었다. 현대에서도 자기계발 서적에서 세네카의 명언을 쉽게 찾아볼 수 있다. 고전이 수천 년 동안 계속해서 인용되는 이유는 본질을 다루기 때문이다.

시간을 낭비한다는 것의
진정한 의미

세네카는『인생의 짧음에 관해』에서 말했다.

"사람들은 자신의 재산을 지키는 데는 신경을 쓰면서도, 가장 소중하게 여겨야 할 시간은 너무 쉽게 낭비한다."

세네카는 사람들이 재산을 잃지 않기 위해 온 관심을 기울이면서도 시간을 낭비하는 것을 지적했다. 돈을 잃어버리면 다시 모을 수 있지만 한번 낭비한 시간은 영원히 사라진다.

시간을 낭비한다는 것은 삶에 어떤 영향을 줄까? 시간을 무의미하게 흘려보낼 수도 있고, 충만하게 보낼 수도 있다. 우리는 인생을 충분히 길고 여유 있게 살 수 있음에도 불구하고 항상 바쁘고 정신없이 살아간다. 아침에 일어나서 밤에 잠자리로 돌아올 때까지, 시간이 눈 깜짝할 사이에 흘러갔다는 생각이 들 정도로 하루가 짧게 느껴진다. 이렇게 인생마저 짧게 느껴진다면 삶에 시간 도둑이 있는 것은 아닌지 스스로에게 물어볼 필요가 있다.

세네카는『인생의 짧음에 관해』에서 말했다.

"당신이 모르는 사이에 얼마나 많은 사람들이 당신의 삶의

세네카의 처방전 - 원하는 뭔가를 갖기 위해 집착하지 마라

일부를 빼앗아갔는가? 당신은 근거 없는 걱정, 끝없는 욕망 그리고 사교 생활에 얼마나 많은 시간을 허비했는가? 그리고 이제 남은 시간은 얼마나 적은가?"

인생에 가장 아까운 시간은 다른 사람에게 휘둘리며 살아가는 시간이다. 세상에는 정말 다양한 사람들이 있다. 좋은 만남도 있지만 때로는 부정적인 감정이 생기게 하는 상황도 있다. 퉁명스럽게 주문을 받는 식당 종업원, 길을 가다가 부딪쳤는데 사과도 하지 않고 지나가는 행인, 나를 무시하는 듯한 말을 하는 지인들처럼 나의 평온한 일상을 깨는 일이 종종 일어난다. 이런 일들에 순간적으로 반응해서 내 감정이 부정적으로 뒤범벅된다면, 인생의 시간을 낭비하는 것이다.

한번 생긴 불쾌한 감정은 얼마 동안이건 나에게 딱 들러붙어 있다. 조절이 안 되는 불쾌한 감정은 온갖 부정적인 생각들을 불러일으키고, 내가 해야 하는 일들에 방해가 된다. 뿐만 아니라 기분 나쁜 감정을 떨쳐내기 위해서 자극적인 음식이나 술을 찾거나 숏폼과 같이 현재의 나의 감정에 집중하지 못하게 하는 것들이 총동원된다. 하지만 결국은 여전히 해결되지 않은 상황과 허무함만 남긴 채 시간은 훌쩍 흘러가버린다.

의미 없는 모임이 나의 시간을 낭비하게 만들기도 한다. 모임에 갔다가 집에 돌아왔을 때 내가 모임에 참석한 이유와 목적을 생각해보고 뚜렷한 답이 떠오르지 않는다면 시간을 낭비한 것이 아닌가 고민해볼 필요가 있다. 만남을 위한 만남, 인간관계에서 소외되지는 않을까 눈치를 보며 참석하는 만남과 같이 의미를 찾을 수 없다고 생각되면 그것은 나의 소중한 시간을 누군가에게 줘버리는 셈이 된다. 타인의 평가에 휘둘리며, 다른 사람들 눈치를 보면서 살아가는 시간은 인생의 낭비다.

나의 소중한 시간을
도둑질해가는 것들

세네카는 『인생의 짧음에 관해』에서 말했다.

"쾌락에 빠져 살아가고, 무의미하게 시간을 보내며, 부당한 목표를 위해 시간을 낭비하면, 어느새 인생은 눈 깜짝할 사이에 지나가버리고 만다."

매 순간을 의식하면서 살아가는 사람에게 인생은 길게 느껴진다. 내가 지금 무엇을 해야 하는지 깨어 있어서 흘러가는 시간을 붙잡을 수 있고, 삶의 의미를 되짚게 되어서 충실한 인생을 꾸려나갈 수 있기 때문이다. 그런 사람에게 하루는 매우 긴 시간이 된다.

세네카의 처방전 - 원하는 뭔가를 갖기 위해 집착하지 마라

하지만 매일 술에 취해 있고, 언제나 스마트폰만 보면서 흐릿한 의식으로 시간을 보낸다면 인생이 매우 짧게 느껴질 것이다. 나는 지금 분명 깨어 있지만 의식 없는 것처럼 시간을 흘려보내기 때문이다. 정신을 차렸을 때는 이미 하루가 다 지나가고, 오늘 하루를 어떻게 보냈는지 모르는 허무한 감정들이 밀려온다.

쾌락에 빠지는 것의 문제점은 한 가지에 만족하지 못하고 여기저기 기웃거리면서 시간을 소비한다는 것이다. 한번 쾌락에 빠지고 그것으로 끝나는 게 아니라, 더 강한 자극에 대한 갈증이 이어진다.

쾌락은 많은 시간을 그대로 날려버릴 만큼 강력하게 시간을 도둑질한다.

세네카는 『인생의 짧음에 관해』에서 말했다.

"현명한 사람은 자신이 가진 재산과 모든 소유물들을 잠시 빌려 쓰는 것이라 여기며, 언제든지 미련 없이 그것을 내려놓을 준비가 되어 있다."

하나라도 더 소유하기 위해 집착하지만 이것 또한 시간을 낭비하는 것이다. 내가 가진 것은 그저 모두 빌린 것이다. 나에게는 무기한으로 빌린 소유물을 간직하다가 요청받았을 때 불평 없이 돌려주어야 할 의무가 있다.

내가 지금 어떤 것을 소유하고 있는지 둘러본다면 통장 잔액이 있고, 내 손 안에 든 스마트폰이 있고, 내 방에는 온갖 물건들이 있다. 지금은 모두 나의 것이지만 언제, 어떤 상황에서 사라져버릴지 모르는 것들이다.

'내가 지금 소유하고 있는 것이 영원히 나의 것'이라는 착각을 하지만, 결코 그렇지 않다. 물건은 분실될 수도 있고, 일이 꼬여서 다른 사람에게 재산을 빼앗기게 될 수도 있다. 시간이 흘러서 죽는 순간이 다가오면 내가 갖고 있었던 모든 것들은 더 이상 내 것이 아니다. 상속이라는 이름으로 자손에게 전해지거나 더 이상 쓸모없다는 판단이 든다면 소유물들은 태워지거나 버려진 채 흩어진다.

그 무엇도 영원하지 않다. 언젠가 나의 손을 떠날 것이라는 것은 확실하다. 모든 것은 결국 영원히 나의 것이 아니라는 것을 깨달아야 한다. 인간은 이 세상에 빈손으로 와서 빈손으로 떠난다.

세네카는 "내가 가진 모든 것들을 자연에서부터 빌린 것이라 여겨라"고 말했다. 나는 아무것도 소유한 것이 아니라 내 것이라고 생각했던 모든 것들은 일시적으로 빌린 것이다. 그렇기 때문에 무엇을 갖기 위해 지나치게 집착할 필요가 없다. 내

세네카의 처방전 - 원하는 뭔가를 갖기 위해 집착하지 마라

가 다니고 있는 직장에서의 직위, 내가 갖고 있는 역량들은 세월의 흐름 속에서 나의 손을 벗어나게 되는 것들이다.

사람이라면 누구나 원하는 것을 갖고 싶은 마음이 있다. 안정된 자산을 갖고 싶어 하고, 여유롭게 해외여행을 떠나고 싶어 한다. 좋은 배우자를 만나고 싶어 하고, 좋은 차와 집을 갖고 싶어 한다. 인간은 원하는 것을 얻기 위해 열심히 삶을 살아간다. 원하지 않는 일을 만나더라도 목표를 위해 인내한다. 더 나은 삶을 살고 싶어서 독서도 하고 운동도 하면서 자신의 역량을 기른다. 이 모든 것이 좋은 삶을 살기 위한 노력이다. 하지만 갖고 싶다는 마음을 넘어서 집착하는 마음으로 변질될 때 문제가 생긴다.

원하는 것에 집착하게 되면 과도하게 마음을 쏟고 매달리게 된다. 그리고 삶은 고통이 된다. 아무리 갖고 싶어도 가질 수 없는 것들이 많다. 무엇인가에 집착하다 보면 아무리 노력해도 원하는 만큼을 가질 수 없다는 현실을 깨달았을 때 좌절감을 느끼고 삶은 고통스러워진다.

죽음이라는 삶의 결론을 생각하면 소유하는 것에 집착하는 인생은 너무나도 허무하다. 평생을 바쳐 내가 원하는 것을 얻기 위해 노력하는 삶을 살았지만 결국 모든 것은 나의 것이 아니라는 것을 깨닫게 되면 삶의 의미가 사라진다.

집착하지 않는다면 더 자유로운 삶을 살 수 있다. 그리고 삶에서 주어진 시간을 오로지 나를 위해서 사용할 수 있게 된다. 세네카가 이야기했듯이, 영원히 나의 것이라는 것은 존재할 수 없으며 내가 갖고 있는 모든 것은 짧은 인생 동안 잠시 빌린 것들이다.

아무도 지나간 시간을
돌려주지 않는다

내 시간을 호시탐탐 노리는 것 중에서 대표적으로 광고를 시청하는 시간을 들 수 있다. 광고를 보는 동안 시간을 빼앗기고, 필요하지 않은 물건을 구매하게 만들면서 소비를 부추긴다. 유튜브, 포털사이트, 미디어 등에서 자연스럽게 노출되는 광고들은 절대 공짜가 아니다. 나에게 매력적인 콘텐츠를 보여주는 대가로 시간을 요구하는 것이다.

시간에는 정확한 가격이 매겨져 있지 않다. 그래서 사람들은 시간에 대한 진짜 가치를 쉽게 잊어버린다. 시간은 내 인생을 급격하게 풍요롭게 만들 수도 있고, 무의미하게 흘려버려서 아무 일도 일어나지 않을 수도 있다.

세네카는 『인생의 짧음에 관해』에서 말했다.

"인생은 빠르게 흘러간다. 그리고 우리는 인생의 끝에 다다라서야 그 사실을 깨닫게 될 것이다."

안타까운 것은 인간은 시간이 얼마나 소중한지를 죽을 때가 되어서야 깨닫는다는 것이다. 그렇다면 시간을 어떻게 의미 있게 사용해야 하는 것일까? 세네카는 "나에게 주어진 시간을 의미 있게 쓰는 방법은 철학을 배우는 것이다"라고 말했다.

철학자들은 오랜 시간 동안 어떻게 살아야 하는지에 대한 다양한 지침을 정리했다. 이들의 노력 덕분에 사람들은 어둠 속에서 빛을 향해 나올 수 있었고, 인생에서 가장 중요한 것들을 향해 나갈 수 있게 되었다. 고전은 오랜 세월이 지나도 파괴되지 않고 사라지지 않는 지혜를 담고 있다. 우리 주변에 여전히 존재하는 철학자들의 말들은 지혜를 기반으로 수천 년이라는 세월의 힘을 비껴나간 것들이다. 오히려 세대를 거듭해가며 더욱 조명받고, 많은 사람에게 도움을 주고 있다. 그렇게 오랫동안 살아 숨 쉬는 철학자들의 생각을 우리는 다양한 방법으로 접할 수 있다. 소크라테스와 인생에 대해 토론할 수 있고, 에피쿠로스와 인생의 평온을 찾는 방법에 대해 고민해볼 수 있다.

시간을 소중하게 보내는 행동은 남의 인생이 아닌 나의 인생을 위해서 갈고 닦는 시간이 된다. "우리에게 인생이 얼마나 남았는지 진지하게 생각해보라. 그러면 앞으로 시간이 얼마 남지 않았음을 깨닫게 될 것이다"라는 세네카의 통찰은 나이가 들수록 더욱 진실이 된다. 인생은 무한하지 않고 누구에게나 유한하다. 그렇기 때문에 인생에 주어진 시간들을 헛되이 써서는 안 된다.

세네카는 『인생의 짧음에 관해』에서 말했다.

"아무도 지나간 시간을 돌려주지 않으며, 당신을 과거로 되돌릴 수 없다. 우리의 인생은 처음 시작한 지점에서 끝없이 흘러가며, 다시 돌아가거나 멈추지 않을 것이다."

우리는 바쁜 일상 속에서 인생에 마지막이 있다는 것을 자주 잊는다. 유한한 인생의 소중함을 기억하고, 남은 시간 동안 내가 할 수 있는 것이 얼마나 될지 생각해야 한다. 나에게 남은 시간이 50년 정도 될 것이라고 예상해보고, 내가 좋아하는 것을 얼마나 할 수 있을지 계산해본다. 5년에 한 번 해외여행을 가겠다고 생각하면 10번 정도 갈 수 있을 것이고, 한 달에 한 번 봉사활동을 하겠다면 600번 정도 할 수 있다. 이 횟수들이 내 삶에 주어진 기회다.

시간을 낭비한다는 것은 나의 삶 속에서 기회들을 잃어버리는 것이다. 나에게 남은 시간이 훨씬 더 짧을지도 모른다. 그렇기 때문에 매순간은 정말 소중하다.

　세네카가 말하고자 하는 핵심은 "진정한 나 자신을 위해서 시간을 사용해야 하고, 무의미하게 흘려보내는 시간들에 대해서 항상 경계하면서 살아가야 한다"라는 것이다. 삶의 시간은 누구에게나 똑같이 공평하게 주어지지만, 그것을 얼마나 의미 있게 사용하고 삶을 더 풍부하게 채우는가는 결국 나에게 달려 있다.

"자신이 가진 재산과 모든 소유물들을
잠시 빌려 쓰는 것이라 여겨라."

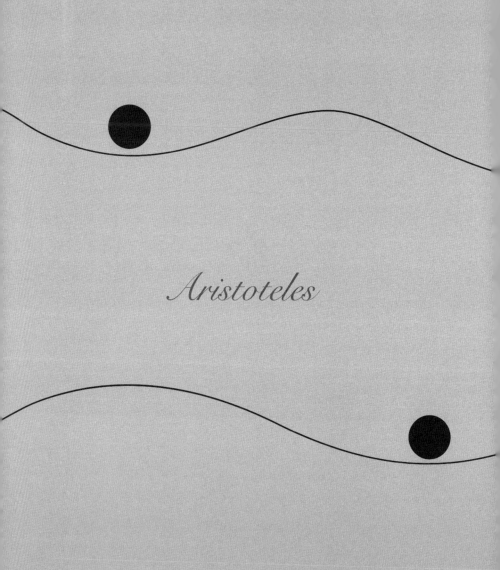

Aristoteles

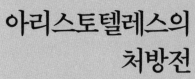

아리스토텔레스의 처방전

- 오직 그 활동에만 몰입해 관조하라

16부

오늘 나의 하루는 행복할까? 그리고 내일은 행복할까? 다음 달은? 내년에는 나는 행복할까? 가끔 이런 질문들이 떠오른다. 한국사회에 살고 있는 우리에게 나쁜 뉴스들이 가득하다. 많은 사람들이 자신의 삶을 돌아보며 '행복하다'고 말하기 어려울 정도로, 요즘 행복할 거리가 많아 보이지 않는다. 나만 빼고 다들 잘 사는 것 같고, 나만 빼고 행복한 것 같고, 나만 빼고 여유롭게 사는 것 같다.

어느 새인가 행복이라는 단어는 오히려 나를 더 불행하게 만들고 있다. 나에게는 전혀 해당사항이 없고, 남에게만 향하고 있는 개념이라는 생각이 들기 때문이다. 그래도 마음 한구

아리스토텔레스의 처방전 - 오직 그 활동에만 몰입해 관조하라

석에는 행복해지고 싶다는 열망이 있다. 행복해지고 싶다는 마음은 인간이라면 누구에게나 있다. 행복은 인간의 기본적인 욕구이기 때문이다.

'도대체 뭘 어떻게 해야 행복해질 수 있을까?' '인생에서 나는 행복해질 수 있을까?' '돈이 있으면 행복을 살 수 있을까?' 무려 2,400년 전 했던 행복에 대한 고민이 지금도 계속해서 이어지고 있다는 생각이 든다. 아리스토텔레스의 『니코마코스 윤리학』에는 행복에 대한 아리스토의 다양한 주장들이 있다.

행복에 대해서 이야기할 때 아직도 등장하는 것이 아리스토텔레스의 '행복론'이다. '어떻게 하면 행복할 수 있을까?'라는 질문에 대한 귀중한 관점을 얻을 수 있는 것이 바로 아리스토텔레스의 생각이다. 그의 행복에 대한 개념을 살펴보자.

행복이란
과연 무엇인가?

아리스토텔레스는 『니코마코스 윤리학』에서 행복을 이렇게 정리했다.

"최상의 좋음이 무엇인지라는 물음에 그 이름에 있어서는 대부분의 사람들이 거의 일치한다. 왜냐하면 대중들과 교양 있는 사람들은 다 같이 그것을 행복(eudaimonia)이라고 말하고 또 잘 사는 것과 잘 행위하는 것이 행복함과 같은 것이라고 파악하기 때문이다."

아리스토텔레스가 말하는 '최상의 좋음'이란 것은 더 이상의 좋음은 없다는 뜻이다. 행복은 인간의 궁극적인 목적이요, 그 이상의 목적이 없는 게 바로 행복이다. 한마디로 행복은 그 이상의 목적이 없을 만큼 행복 그 자체가 목적이 되는 게 행복이라는 뜻이다.

'행복의 목적이 행복이다'라는 것은 도대체 무슨 의미일까? 인간이 어떤 행동이나 결정을 할 때는 목적이 존재한다. 예를 들어 '내가 주식 투자를 하는 이유가 많은 자산을 축적하기 위해서'라고 생각할 때 주식 투자라는 행동의 목적은 자산을 축적하는 것이 된다. 그런데 이 목적에는 위계질서가 존재하고, 목적에는 수단이 존재한다. 그러니까 내가 자산을 축적하는 것이 목적이라면, 주식 투자는 이를 위한 수단이 된다. 그리고 자산을 축적하는 목적 위에는 또 다른 상위 목적이 존재할 수 있다. '나는 자산을 축적해서 경제적 자유를 이루고 싶다'라는 목적이 있다면, 경제적 자유는 자산을 쌓는 것보다 상위 목적이 된다. 이렇게 어떤 행동의 목적과 그 목적의 목적을 계속해서

아리스토텔레스의 처방전 - 오직 그 활동에만 몰입해 관조하라

타고 올라가면 더 이상 목적을 말하기 어려운 단계에 이른다. 그것이 바로 궁극적인 목적이다. 이 궁극의 목적이 바로 아리스토텔레스가 말하는 행복이다.

아리스토텔레스는 행복을 '그 자체'로서 선택하는 것이지 다른 이유 때문에 선택하는 것이 아니라고 생각했다. 행복이란 그 자체로서의 의미를 가지고 있고, 그 자체로 추구되는 것이 된다. 즉 행복은 끝판왕이다. 그 이상의 목적은 없는 게 바로 행복이다.

아리스토텔레스의 '궁극적인 목적으로서의 행복'이라는 개념을 지금 시대로 가져오면 "수단과 목적을 잘 구분해야 한다"라는 조언을 얻게 된다. '돈을 잘 벌면 행복해질 수 있을까?'라는 질문에서 아리스토텔레스의 생각을 보면 그럴 수 있다고 생각할 수 있다. 돈은 행복에 중요한 수단이 될 수도 있기 때문이다. 내 삶에 필요한 것들, 내 삶에 만족을 주는 것들을 돈으로 살 수 있다. 많은 돈을 통해서 여유로운 시간을 확보할 수 있고, 내가 원하는 많은 것들을 돈을 통해서 이룰 수 있다. 하지만 돈이 행복 그 자체는 아니다.

돈은 내 삶의 어떤 목적을 달성하기 위한 중요한 수단이다. 돈이 수단이라는 것은 행복에 이르기 위해서 돈이 무조건 많아야 한다는 것은 아니다. 돈은 행복에 이르는 여러 수단 중 하나가 될 뿐이다.

돈이 목적이 될 수는 없다. 내가 중요하다고 여기는 것들이 어떤 목적을 위한 수단인지, 내 인생에서 궁극적인 목적은 무엇인지에 대해서 고민할수록 행복에 더 가까워질 것이다. 내가 지금 갈망하는 목표들이 마음속에 있을 것이다. '그 너머의 목적은 무엇일까?'에 대한 고민이 필요하다. '그게 궁극적인 목적이 될까?' '무엇을 위해서 나는 그 목표를 달성하려고 할까?' 이런 질문들이 반드시 해야 한다.

돈, 명예, 재산, 외모 등 여러 가지 우리가 갖기를 원하는 것들은 많다. 하지만 모두 수단들이다. '이것들을 통해서 내 인생은 궁극적으로 무엇을 향해 가고 싶은가?' 하는 생각들이 나의 인생을 행복으로 이끌어준다.

'행복이 최상위의 목적이라면, 인간은 구체적으로 어떻게 해야 행복해질 수 있을까?' 하는 질문을 아리스토텔레스의 행복론을 통해서 살펴보면 '인간은 어떤 고유한 목적을 갖고 있는가?'라는 질문으로 이어질 수 있다. 결국 행복은 궁극적인 목적이며, 인간의 궁극적인 목적에 이르렀을 때 행복이 오기 때문이다.

인간에게 주어진
고유한 기능은 '이성'이다

아리스토텔레스는 『니코마코스 윤리학』에서 말했다.

"인간은 타고난 이성의 능력을 탁월하게 발휘할 때 인생의 궁극적인 목적인 행복을 얻을 수 있다."

세상에 존재하는 것들에는 각자의 목적을 달성하기 위한 주요한 능력이 있다. 자동차는 안전하게 주행되어야 하며, 못은 잘 박혀야 하는 능력이 필요하다. 작곡가는 작곡을 잘해야 하고, 각자에게 주어진 목적을 달성하기 위해서 본인이 잘해야 하는 능력이 필요하다. 인생을 행복하게 잘 사는 것도 마찬가지다. 인간에게 주어진 고유한 능력을 통해서 잘 살아야 한다.

그렇다면 인간에게는 어떤 능력이 주어졌을까? 바로 이성이다. 이성을 활용해서 잘 살아가는 사람이 행복한 사람이다. 인간에게는 이성이라는 고유한 기능이 주어졌고, 이를 잘 활용해야 궁극적인 목적을 달성할 수 있는 것이다.

이성을 잘 활용해서 살아간다는 것의 구체적인 의미는 무엇일까? 크게 두 가지 능력으로 구분한다. 하나는 지적인 능력이고, 다른 하나는 도덕적 능력이다.

지적인 능력이란 세상을 탐구하고 이해하고 분석하는 등의 모든 인지적 활동을 의미한다. 인간은 지금 이 세상에서 일어나는 일에 대해서 알기를 원하는 존재다. 책이나 여러 가지 콘텐츠를 통해서 세상을 알고, 세상에 좋은 영향을 미치기 위한 활동을 하는 것이 인간의 지적인 능력이 발휘되는 순간이다. 도덕적 능력은 인간은 욕망이나 충동적인 부분을 이성으로 잘 다스리고, 어떤 상황이 주어졌을 때 올바르게 판단하고 행동하는 것을 말한다. 이런 능력은 어떻게 만들 수 있는 것일까? 답은 간단하다. 실천하고 경험을 쌓아나가면 된다.

아리스토텔레스는 『니코마코스 윤리학』에서 말했다.

"우리는 옳은 행위를 실천함으로써 옳은 사람이 되고, 절제 있는 행위를 함으로써 절제 있는 사람이 되며, 용감한 행위를 통해 용감한 사람이 된다. 배짱 있는 행동을 지속적으로 실천함으로써 어떤 사람은 용감한 사람이 되고, 또 다른 사람은 비겁한 사람이 된다."

도덕적으로 올바르게 판단한다는 것은 항상 복잡하다. 매번 다른 상황을 맞이하기 때문이다. 지식만으로는 한계가 있다. 좋은 행동을 선택하기 위해서는 오랜 시간에 걸쳐 생활 속에서 훈련과 성찰을 반복함으로써 좋은 성격과 습관, 판단력이 갖춰져 있어야 한다.

아리스토텔레스가 좋은 판단에 강조하는 것이 '중용'이다.

아리스토텔레스의 처방전 · 오직 그 활동에만 몰입해 관조하라 중용은 어느 한쪽으로 치우침이 없이 적절하게 선택할 수 있게 해주는 판단의 기준이다. 돈에 지나치게 집착해서도 안 되고, 돈을 인생에서 너무 멀리해서도 안 된다. 돈을 현실적으로 바라보는 균형 잡힌 시각이 필요하다. 바로 이것이 중용이다.

인생에 어려운 상황을 만났을 때 두려움에 빠져서 아무것도 하지 못해서도 안 되고, 그렇다고 오만하게 그 상황을 해석해서도 안 된다. 적절한 자신감으로 두려움을 직시하는 상태를 용기라고 표현한다. 이런 두려움과 오만함의 중간에 적절한 상태가 바로 중용이다. 어떤 것에 지나치게 집착하지도 않고, 그렇다고 완전히 회피하지도 않는 것, 그런 적절하고 균형 잡힌 상태가 바로 중용인 것이다.

중용은 우리 삶에서 꽤나 유용한 판단의 기준으로 작동한다. 운동도 지나치면 건강을 해칠 수도 있고, 운동을 너무 안 해도 건강에 문제가 생긴다. 그래서 적당한 운동, 즉 중용의 상태가 필요하다. 내가 어떤 것에 지나치게 몰두해서 주변을 살피지 못하거나 아니면 지나치게 무시할 때 '중용'이라는 기준을 꺼내들고 상황을 해석해봐야 한다.

아리스토텔레스는 '중용'을 통해서 상황을 올바르게 판단하고 행동할 수 있다고 강조했다. 물론 도덕적 능력이 하루아침에 길러지는 것은 아니다. 끊임없는 연습과 실천 그리고 중용의 기준을 적용함으로써 올바른 습관을 갖게 되고, 우리는 삶을 더 잘 살아갈 수 있게 된다.

진정한 행복으로
이끌어주는 '관조'

행복에 도달하기 위해서는 끊임없는 노력이 필요하다. 그런데 이게 진짜 행복하다고 할 수 있는 것일까? 이성을 활용해서 삶을 잘 사는 것 자체가 궁극적인 목적이라고 말할 수 있을까? '관조'라는 개념에서 그 해답을 구체적으로 얻을 수 있다.

아리스토텔레스가 강조한 행복으로 가는 상태가 '관조'다. 특히 우리에게 주어진 이성을 활용해서 하는 활동 그 자체에 몰입해서 살아가면 우리는 관조라는 상태에 이르게 된다.

아리스토텔레스는 『니코마코스 윤리학』에서 말했다.

"인간의 최고의 선은 행복이다. 그리고 행복은 관조적인 삶에 있다. 왜냐하면 관조는 인간에게 있어 가장 고귀한 활동이기 때문이다. 그리고 관조적인 삶은 다른 어떤 것도 필요로 하지 않는다. 관조적 활동은 스스로 충족되기 때문이다."

아리스토텔레스는 관조적인 삶을 통해서 최고의 행복을 누

아리스토텔레스의 처방전 - 오직 그 활동에만 몰입해 관조하라

릴 수 있다고 주장했다. 아리스토텔레스가 어떤 이유에서 관조적인 삶을 최고의 행복 그리고 완전한 행복에 가깝다고 이야기 했을까?

관조라는 말은 깊이 생각하고 성찰 등을 통해 어떤 지식이나 세상의 이치를 이해하려는 지적인 활동 등을 의미한다. 예를 들어 철학자가 하는 일은 세계의 원리나 인간의 본질에 대해서 깊이 몰두하고 연구하는 것이다. 철학자가 진리나 궁극적인 삶의 목적을 찾기 위해 생각하고, 책을 읽고, 글을 쓰는 모든 행동들이 관조가 된다. 관조의 특징은 외부에 의존하지 않는다는 데 있다.

관조가 최고의 행복인 이유는 행동 그 자체로 행복해질 수 있기 때문이다. 만약 행복을 물질적 부나 명예에서 찾는다면 그 행복은 매우 불안정할 것이다. 왜냐하면 부나 명예는 언제든지 잃을 수 있기 때문이다. 그러나 진리를 탐구하는 관조적 삶은 외부 조건에 크게 의존하지 않기 때문에 안정적이고 지속적인 행복을 제공한다. 그리고 관조라는 행동은 타인이 필요하지 않고, 나 홀로 사색할 수 있다.

관조라는 활동은 그 자체에 의해 다른 목적을 갖지 않는다. 관조하는 순간은 오직 그 활동에만 몰입하고 몰두하기 때문에 아리스토텔레스는 관조야말로 신의 활동을 가장 많이 닮았다고 말했다.

관조는 철학뿐만 아니라 미술, 문학, 음악 그리고 모든 창조적 활동 등을 다 포함한다. 중요한 것은 나의 활동 그 자체에 몰입해야 한다는 것이다. 부와 명예를 위해서, 인생의 성공을 위해서 다른 상위 목적이 되는 순간, 관조는 깨지고 궁극의 행복도 함께 무너진다. 오직 활동을 위한 활동, 관조를 위한 관조가 되어야 아리스토텔레스가 말하는 진짜 행복에 도달할 수 있다.

지금까지의 내용을 다시 정리해보자. 인간에게 행복이라는 것은 궁극적인 목적이다. 평소 행복과 동일시했던 나의 중요한 가치관은 어떻게 보면 행복을 위한 수단들이다. 그렇기 때문에 내가 무엇을 위해서 왜 인생을 살아가야 하는지, 어떤 목적을 갖고 살고 있는지에 대한 고민이 필요하다. 아리스토텔레스는 "우리가 궁극적인 목적에 행복에 다가가기 위해서는 인간에게 주어진 이성을 잘 활용해야만 한다"라고 말했다. 인간으로서 잘 살기, 궁극적인 목적에 다가가기 위해서는 본래 주어진 이성을 활용해야 하기 때문이다.

이성을 잘 활용한다는 것은 지적으로 우수하기 위한 배움과 학습 그리고 세상에 적용을 하는 것이요, 다른 하나는 인생의 여러 가지 상황 속에서 올바르게 판단하고 행동하는 도덕적으로 잘 사는 것을 의미한다. 관조에 이르면 나의 활동이 그 자체의 목적이 된다. 인생이 그 자체로 목적이 되는 순간 우리는 관조에 이르게 된다.

이는 현대 심리학의 '몰입'으로 해석할 수 있다. 지적인 호기심과 열정 그리고 올바르게 판단하고 행동하는 나에게 몰입하는 순간, 우리는 무엇과도 바꾸지 못하는 인생의 궁극적인 목적에 도달하게 된다. 몰입은 내가 이 활동을 하는 이유를 활동 그 자체가 되게 만들기 때문이다. 그때는 나의 영혼이 어떤 대상에 온전히 순수하게 집중하게 된다. 그때 비로소 우리는 진정한 행복을 만끽할 수 있다.

나의 인생에 순수하게 관조하게 되면 우리는 인생을 인생의 목적 그 자체로 살아갈 수 있다. 행복이란 바로 그런 것이다.

"관조적인 삶은 다른 어떤 것도 필요로 하지 않는다.
관조적 활동은 스스로 충족되기 때문이다."

인생의 고통과 쓸쓸함은
좋은 성장의 기회다!

인생을 살아가다 보면 수많은 질문과 마주하게 된다. 그중에서도 가장 무거운 질문은 아마도 '왜?'라는 질문일 것이다. '왜 살아야 하는가, 왜 이렇게 많은 고통을 감내해야 하는가, 왜 사랑하고, 왜 미워하며, 왜 매일같이 같은 일을 반복하는가?' 이러한 질문들은 내가 피할 수 없는 인생의 근본적인 문제들을 건드린다.

인생은 고통과 고난이라는 형태로 끊임없이 질문을 던지지만, 그 답은 명확하지 않다. 그래서 우리는 때때로 '내 인생의 모든 것이 무의미한 것은 아닐까?' 하는 생각에 빠질 수 있다. 이 책이 다루고자 하는 것은 바로 그 '인생의 무의미함'에 대한 이야기다.

우리는 매일같이 목적을 추구하며 의미 있는 삶을 살기 위해 애쓰지만, 우리가 노력해 발견하는 것이 진정으로 의미 있는 것인지 고민해야 한다. 원하는 것을 성취하고, 오랜 꿈을 이뤘음에도 불구하고 우리는 허무함을 느끼며 혼란스러워하기도 한다.

인간은 끊임없이 무언가를 이루고자 하지만, 그 끝에 다다랐을 때 공허함을 마주하기도 한다. 공허는 우리가 기대했던 성취감과는 다르게 더 깊은 질문을 던진다. 결국 인생은 의미와 무의미 사이에서 끊임없이 방황하는 여정일 것이다.

무의미함은 단순히 나 혼자만 느끼는 감정일까? 아니면 우리 모두가 겪는 보편적인 경험일까? 아마도 인간이라는 존재가 처한 근본적인 조건일지도 모른다. 인간은 유한한 존재다. 우리의 인생에는 수많은 선택이 있지만, 어떤 선택을 하더라도 결국 끝은 존재한다. 그 끝을 만났을 때 내가 느끼는 감정은 어쩔 수 없이 무의미함일 수밖에 없다. 어떤 이들은 무의미함을 부정하고 더 큰 목표를 찾아서 끊임없이 달려가지만, 결국 또 다른 무의미에 부딪히게 된다. 이것이 인간의 숙명일지도 모른다. 하지만 무의미함이란 항상 부정적인 것일까?

이 책에서는 '무의미함'을 재해석해보고자 했다. 무의미함은 단순한 실패나 나약함의 증거가 아니라, 자기 성찰과 성장을 위한 좋은 기회다. 삶에서 무의미함을 마주했다면 내가 인생을 진지하게 마주하고 있다는 신호다. 무의미함을 느낄 때 단순히 삶의 표면적인 것들만을 보는 것이 아니라 깊은 본질을 들여다보고 있는 것이다. 바로 그 순간에 진정한 의미가 무엇인지 고민하게 되고, 스스로와 진지하게 대면할 수 있는 기회를 얻는다. 무의미함 속에서 우리는 삶의 중요한 질문들과 마주하게 되고, 그 질문들을 통해 깊은 성찰과 진정한 성장을 이룰 수 있는 가능성을 발견하게 된다.

현대사회는 끊임없이 우리에게 사회가 정한 목표를 달성해야 한다고 강요한다. 남들보다 더 쓸모 있어야 하고, 더 많은 돈을 벌어야 하며, 더 성공해야 한다는 압박 속에서 살아간다. 더 나은 미래를 위해 내면에서 흘러나오는 목소리를 무시하고, 쉼 없이 달려야 한다는 요구를 받는다. 그러나 그 과정에서 우리는 종종 인생의 방향을 잃고, 그 끝에서 허무함을 느끼기도 한다. 하지만 허무함은 실패했기 때문에 느끼는 것이 아니다. 오히려 결승점에 도달했기 때문에 자연스럽게 마주하게 되는 감정이다.

끊임없이 목표를 추구하는 집착에서 벗어나, 그저 있는 그대로의 삶을 바라보라는 신호가 바로 무의미와 무기력함이다. 삶이 무의미하게 느껴진다고 해서 나의 삶이 무가치하다는 뜻은 아니다. 무의미 속에서도 나는 여전히 삶을 살아가고, 그 과정에서 작고 소중한 것들을 발견해나간다.

때로는 특별한 목적 없이 하루가 흘러가기도 하지만, 평범한 하루 속에서 사랑하는 사람과 함께 웃고, 작은 기쁨을 나눈다. 비록 모든 순간들이 큰 의미로 다가오지 않을지라도 작은 순간들이 모여 나만의 큰 이야기를 만든다. 그리고 모든 순간들이 모여서 나의 삶을 완성하는 것이다. 의미를 찾는 것에 집착하기보다는 나에게 주어지는 순간들을 소중하게 여기며, 그 자체로 살아가는 것이 우리의 인생을 더 풍요롭게 만드는 것이 아닐까?

무의미함을 인정하는 것은 더 자유로워질 수 있는 방법일 것이다. 목표를 달성하고 무언가를 성취해야 한다는 강박에서 벗어나면, 우리는 그 순간을 온전히 살아갈 수 있는 여유를 얻을 수 있다. 때로는 의미 없어 보이는 일 속에서도 가치를 발견할 수 있다. 무의미한 날들이 반복되더라도 작은 성취를 이루어가며, 그 자체로 삶을 즐길 수 있게 되는 것이다.

무의미함 속에서 우리는 가장 인간다워질 수 있다. 의미를 찾고 그것을 실현하려는 과정은 인간에게 자연스러운 일이지만 그 끝에서 허무함을 느끼는 것도 마찬가지로 인간다운 경험이다. 중요한 것은 '허무함 속에서 내가 어떤 것을 선택할 것인가'이다. 무의미함에 좌절할 수도 있지만 그 순간을 받아들이고 새로운 가능성을 찾을 수도 있다.

삶의 의미는 무의미함 속에 숨어 있을지도 모른다. 무의미를 느끼는 순간이 삶의 본질을 마주하는 순간이다. 무의미하게 보이는 날들 속에서도 우리는 여전히 살아가고, 사랑하며, 때로는 웃기도 한다. 이 모든 것이 특별한 의미를 갖지 않더라도, 바로 그 속에서 살아가는 우리의 존재 자체가 의미일 것이다.

내가 찾은 삶의 의미는 결국 '감사함'으로 귀결되었다. 나에게는 시간이 주어졌고, 그 시간 속에서 살아가는 생명이 주어졌다. 주어진 시간 동안 나는 다양한 생각을 하고 활동을 해나가며, 경험을 쌓고 나만의 인생 결과물을 만들어왔다. 그 결과물이 크든 작든 나에게는 소중한 무언가가 되어 쌓여가고 있다.

이 책 역시 내 인생의 결과물 중의 하나가 되었다. 그러나 내 인생의 모든 결과물은 결코 혼자만의 힘으로 이루어진 것은 아니다. 누군가의 도움과 보이지 않는 손길들 그리고 나의 노력이 더해져서 이루어진 것이다. 나의 삶의 의미는 결국 감사한 마음에서 비롯되었다.

이 책이 출간되기까지 많은 힘이 되어주신 유튜브 『양작가의 철학 서재』 채널 구독자 분들, 초록북스 담당자님 그리고 늘 곁에서 힘이 되어주는 사랑하는 아내와 두 아들에게 깊은 감사를 전한다.

현명하게 나이 들고 싶은 사람들을 위한 니체의 가르침

꽤 괜찮은 어른이 되고 싶다면 니체를 만나라

이동용 지음 | 값 16,000원

우리나라의 독보적 니체 연구자로 정평이 나있는 이동용 박사는 위대한 철학자 니체의 핵심 메시지를 쉽게 이해할 수 있도록 개념과 비유를 해설해주며, 원문에 대한 이해를 돕기 위해 적합한 예시와 적용까지 서술해준다. 니체를 사랑하지만 니체를 잘 모르는 현대의 독자들은 이 책을 통해 니체 철학에 대한 이해의 폭이 더욱 커지고, 나아가 자기 삶의 노예가 아닌 주인이 되어 적극적으로 자아를 실현하고 삶의 진정한 의미와 가치를 추구할 수 있을 것이다.

나를 찾고자 하는 이들을 위한 철학수업

나답게 산다는 것

박은미 지음 | 값 19,000원

철학커뮤니케이터이자 철학박사인 저자는 인생에 던지는 철학적인 물음들과 '진짜 나'를 찾는 방법을 따뜻하게 전한다. 나에게 가족이 미친 영향, 주로 의존하는 방어기제, 나의 원초정서 등을 찾아 그동안 해결하기 어려웠던 마음의 문제를 해소하고 진정한 나다움을 찾을 수 있도록 돕는다. 이 책을 통해 '가짜인 나'의 모습으로 사는 것이 왜 불행한지, '진짜인 나'의 모습으로 사는 것이 왜 행복한지를 사유하게 됨으로써 '진짜 나'의 모습으로 사는 행복을 누릴 수 있을 것이다.

인간의 행복은 어디에서 오는가

아리스토텔레스의 인생 수업

아리스토텔레스 지음 | 값 15,000원

당신은 행복한가? 어떤 삶이 행복한 삶일까? 이 책은 행복은 무엇이며, 어디에서 비롯되는지를 정리한 아리스토텔레스의 『니코마코스 윤리학』을 재편역한 것으로, 현시대 독자들이 쉽게 접근할 수 있는 내용을 엄선해 담았다. 다소 난해하고 관념적인 내용과 현시대와 맞지 않는 내용들은 덜어내고 정리했다. 지금 삶의 목적과 방향을 모르겠다면, 진정으로 행복하게 살고 싶다면 읽어야 할 책이다.

살아갈 힘을 주는 니체 아포리즘

니체의 인생 수업

프리드리히 니체 지음 | 값 15,000원

내가 살아가는 목적을 모르겠다면, 현재의 삶이 괴롭고 고통스럽다면 니체의 생생한 목소리를 담은 이 책을 읽자! 채우기보다는 비워내 나 자신을 찾아 삶의 위기를 의연하게 이겨내길 당부하는 니체 특유의 디톡스 철학, 생(生) 철학이 고된 우리의 현실을 이겨내고 다시 살아갈 힘을 준다. 이 책에는 우리가 알아야 할 인생의 모든 지혜가 담겨있다. 겉만 번지르르한 관념적인 인생 조언이 아니라 냉험한 현실을 살아가는 데 도움이 되는 생생하고 구체적인 실천 수칙들이 가득하다.

살아갈 힘을 주는 쇼펜하우어 아포리즘

쇼펜하우어의 인생 수업

아르투어 쇼펜하우어 지음 | 14,900원

행복과 인생의 본질, 인간관계의 본질, 학문과 책의 본질 등 인생 전반에 대한 쇼펜하우어의 직설적인 조언을 담은 인생 지침서다. 쇼펜하우어는 이 책에서 인생은 고통 그 자체지만 이 고통이 살아갈 힘을 준다고, 부는 행복에 큰 영향을 끼치지 않는다고, 남에게 평가받기 위해 인생을 낭비하지 말라고, 불행은 혼자 있을 수 없는 데서 생기기에 인간은 고독해야 한다고 전한다.

인간에 대한 위대한 통찰

몽테뉴의 수상록

미셸 몽테뉴 지음 | 값 12,000원

가볍지도 과하지도 않은 무게감으로 몽테뉴는 세상사의 다양한 주제들에 대해 본인의 견해를 자신 있고 담담하게 풀어낸다. 이 책을 읽으며 나의 판단이 바른지, 내가 지금 제대로 살고 있는지, 앞으로 어떻게 살아야 하는지 등을 수없이 자문해보자. 원초적인 동시에 삶의 골자가 되는 사유를 함으로써 의식을 환기하고 스스로를 성찰하며 인생의 전반에 대해 배우는 계기가 될 것이다.

자신과 마주하고 지혜롭게 살아가기

아우렐리우스의 명상록

마르쿠스 아우렐리우스 지음 | 값 11,000원

마르쿠스 아우렐리우스는 로마제국을 20년 넘게 다스렸던 16대 황제다. 그는 로마에 있을 때나 게르만족을 치기 위해 진영에 나가 있을 때 스스로를 반성하고 성찰하는 내용을 그리스어로 꾸준히 기록했다. 그 결과물이 바로 『명상록』이다. 마음가짐을 어떻게 가져야 하는지, 삶과 죽음에 대한 바람직한 태도는 무엇인지, 변하지 않는 세상의 본질은 무엇인지 등을 들려주고 있어 곱씹고 음미하면서 책장을 넘기게 될 것이다.

살아갈 힘을 주는 세네카 아포리즘

세네카의 인생 수업

루키우스 안나이우스 세네카 지음 | 값 14,500원

세네카가 남긴 12편의 에세이 중 대중들에게 가장 널리 알려진 6편의 에세이를 한 권으로 엮어 펴낸 책이다. 편역서의 특성상 현대의 독자들이 이해하기 힘들거나 시대적·역사적·문화적으로 거리가 먼 내용들은 과감히 삭제하고, 현대인들이 실질적으로 자신들의 삶에 적용할 수 있을 만한 핵심 내용만을 추려 간결하고 압축된 형식으로 소개한다.

■ **독자 여러분의 소중한 원고를 기다립니다** ─────────────────

초록북스는 독자 여러분의 소중한 원고를 기다리고 있습니다. 집필을 끝냈거나 집필중인 원고가 있으신 분은 khg0109@hanmail.net으로 원고의 간단한 기획의도와 개요, 연락처 등과 함께 보내주시면 최대한 빨리 검토한 후에 연락드리겠습니다. 머뭇거리지 마시고 언제라도 초록북스의 문을 두드리시면 반갑게 맞이하겠습니다.

■ **메이트북스 SNS는 보물창고입니다** ─────────────────

메이트북스 홈페이지 www.matebooks.co.kr

책에 대한 칼럼 및 신간정보, 베스트셀러 및 스테디셀러 정보뿐만 아니라 저자의 인터뷰 및 책 소개 동영상을 보실 수 있습니다.

메이트북스 유튜브 bit.ly/2qXrcUb

활발하게 업로드되는 저자의 인터뷰, 책 소개 동영상을 통해 책에서는 접할 수 없었던 입체적인 정보들을 경험하실 수 있습니다.

초록북스 블로그 blog.naver.com/chorokbooks

화제의 책, 화제의 동영상 등 독자 여러분을 위해 다양한 콘텐츠를 매일 올리고 있습니다.

메이트북스 네이버 포스트 post.naver.com/1n1media

도서 내용을 재구성해 만든 블로그형, 카드뉴스형 포스트를 통해 유익하고 통찰력 있는 정보들을 경험하실 수 있습니다.

STEP 1. 네이버 검색창 옆의 카메라 모양 아이콘을 누르세요. STEP 2. 스마트렌즈를 통해 각 QR코드를 스캔하시면 됩니다. STEP 3. 팝업창을 누르시면 메이트북스의 SNS가 나옵니다.